AF569896

Martin Both

Mystische Kraftorte in Bayern

Impressum

Bibliografische Information der Deutschen Nationalbibliothek
Die Deutsche Nationalbibliothek verzeichnet diese Publikation in der Deutschen Nationalbibliografie; detaillierte bibliografische Daten sind im Internet über http://dnb.d-nb.de abrufbar.

Lektorat: Anja Zachhuber
Grafik und Produktion: Nadine Kaschnig-Löbel
Coverfoto: Elif Koyuturk/Unsplash
Druck: Floriančič tisk d.o.o.
Gedruckt in der EU

ISBN 978-3-7025-1089-3

www.pustet.at

Alle Routenbeschreibungen wurden nach gründlicher Recherche und aktuellem Wissensstand (Sommer 2023) erstellt. Eine Haftung für die Richtigkeit der Angaben kann trotzdem nicht übernommen werden, da sich diese aus verschiedenen Gründen auch wieder ändern können. Die Verwendung dieses Wanderführers erfolgt deshalb ausschließlich auf eigenes Risiko und eigene Gefahr.

Bildnachweis:
Martin Both: S. 16, 38, 46, 74, 100, 103, 108; Helmut Weiß: S. 22, 25, 30, 33, 68, 80, 112, 116, 129, 134, 137, 140, 148, 158, 164, 168–169, 178, 181, 184, 187, 190, 192; shutterstock.com: Michael Thaler: S. 41; Robert and Monika: S. 51; Hartmut Goldhahn: S. 55; Christian Peters: S. 60; mindscapephotos: S. 64; Julia Faerber Summer 23: S. 85; Gaschwald: S. 88; SusaZoom: S. 92, 94; Skyfly-Pix: S. 120–121; I. Rottlaender: S. 126; Five-Birds Photography: S. 144; AIDAsign: S. 150; Idea Studio: S. 172

Wir bemühen uns bei jedem unserer Bücher um eine ressourcenschonende Produktion. Alle unsere Titel werden in Österreich und seinen Nachbarländern gedruckt. Um umweltschädliche Verpackungen zu vermeiden, werden unsere Bücher nicht mehr einzeln in Folie eingeschweißt. Es ist uns ein Anliegen, einen nachhaltigen Beitrag zum Klima- und Umweltschutz zu leisten.

Martin Both

Mystische Kraftorte in Bayern

für Aufgeklärte

VERLAG ANTON PUSTET

Inhalt

Franken

Oberpfalz und Niederbayern

Eine Pilgerfahrt zu Bayerns Kraftorten

Kraftort. In dem Wort liegt eine gewisse Spannung. Ähnlich wie die Kraft der Sehne einen Bogen spannt, so verspricht der Begriff, der Wirkung von Kräften einen Ort zu geben. Und genau wie beim Bogen sind diese Kräfte unsichtbar. Erst wenn wir ihn in die Hand nehmen, lässt sich die Kraft, mit der die Sehne die beiden Enden des Bogens zusammenzieht, prüfen und erfahren.

Kraftort. So gefällig das Beispiel mit dem Bogen auch ist, so wenig erklärt es leider eine Erscheinung, die heute beinahe zu einer alltäglichen Erfahrung geworden ist. In den Buchläden stapeln sich die Titel zu magischen Orten in allen Teilen der Welt. Tourismusverbände vermarkten besondere Plätze vor Ort unter dem Schlagwort „Kraftort". Die Datenbanken im Internet sammeln blind immer weitere Einträge zu sogenannten spirituellen Plätzen und verknüpfen sie dabei immer neu mit beliebigen anderen weltanschaulichen Strömungen, Gedanken und Thesen.

Man könnte es sich einfach machen und Kraftorte in die lange Tradition einreihen, die uns Orte wie die Klagemauer in Jerusalem, die Kaaba in Mekka oder Jesu Geburtskirche in Bethlehem beschert haben. Orte, an denen Menschen sich der Wirkung einer göttlichen Macht in ihrem Leben versichern. Nicht allein, sondern gemeinsam als Teil einer meist unangenehm großen Menschenmasse und – was wichtiger sein dürfte – in einer oft über Jahrtausende währenden Tradition. Traditionslinien, die sich in der meist eindrucksvollen Architektur und in den liturgischen Inszenierungen vor Ort Raum und Geltung verschaffen.

In gewisser Weise stehen die Kraftorte tatsächlich in der Tradition solcher religiöser Pilgerorte. Bisweilen beanspruchen sie weit längere Überlieferungslinien als sie etwa das Christentum mit seiner gerade mal gut 2 000-jährigen Geschichte bereithalten könnte. Einige Orte beanspruchen für sich eine geschichtliche Geltung seit der Kelten-, Bronze- oder Steinzeit. Manches Mal sogar zu Recht.

Doch wäre es viel zu kurz gegriffen, Kraftorte ausschließlich als zeitgemäße Pilgerorte zu beschreiben. Zum einen liegen die meisten von ihnen weitab der großen Pilger- oder Touristenströme. Ihnen fehlt in der Regel die dramatische Architektur. Manchmal sind sie derart unscheinbar, dass sie dem unbedarft Reisenden verborgen bleiben müssen.

All das wären jedoch nur äußerliche Merkmale, selbst wenn sie auf einen grundlegenden Unterschied zu religiösen Pilgerstätten hinweisen. Nicht mehr eine Gemeinschaft der Gläubigen sucht an ihnen Gewissheit für ihren Glauben, sondern ein buntes Volk aus allen Teilen der Gesellschaft: moderne Schamanen, Hexen, aber genauso Sinn- und Erholungssuchende, politisch motivierte Menschen auf der Suche nach einem Zugang zu dem, was sie als „Natur" in einer bedrohlich technikabhängigen Gesellschaft glauben verloren zu haben.

Und damit reicht das Phänomen „Kraftort" tief in ein meist verwirrendes und gerade in Bayern äußerst dynamisches Feld hinein. Für die einen wirken an den Orten kosmische Strahlungen, physikalisch nicht weiter fassbare Energien. Es spannen sich energetische Gitternetze über den gesamten Globus, mit den einzelnen Kraftorten als imaginierte Verknüpfungsstellen. Andere sehen an den Orten Feen, Kobolde und sonstige uns wohlgesonnene Naturgeister am Werk. Wieder andere wollen in den religiösen Praktiken etwa der Priesterkaste der Kelten einen neuen Weg entdeckt haben, der unsere modernen Gesellschaften davor abhalten kann, die ökologischen Grundlagen unserer Existenz zu vernichten. Und es fehlen auch nicht jene, die aus den archäologischen Funden in Keltenschanzen und Gräbern ihre eigene Geschichte herauslesen. Die aus den Skeletten und Grabbeigaben das Bild eines Kriegers herbeifantasieren. Blond und blauäugig, von einer Ethnie, die einst die Götter – welche auch

immer – mit der Herrschaft über all die anderen Menschen des Planeten beauftragt haben. Versteht sich von selbst, dass man in dieser Gruppe die eigenen Vorfahrinnen und Vorfahren erkennt.
Es lässt sich bei alledem viel über den Verlust religiöser Gewissheiten spekulieren. Über die Suche nach einem Heil, das in unserer Gesellschaft aus Individuen kaum mehr gemeinsam, sondern nur noch als Einzelner und in der Stille erfahren werden will. Das zwar die Lösung gesellschaftlicher Probleme noch als sinnstiftend anerkennt, aber bereits nicht mehr in der Lage ist, sich auf eine gemeinsame Formel für die Gesundheit, das Wohl oder einen übergeordneten Sinn zu einigen. Tatsächlich ist diese Frage Kern religionswissenschaftlicher Untersuchungen zum Thema „Kraftorte".

Eine Annäherung an das Thema ist auch anders möglich, so wie es gewissermaßen vorgesehen ist, nämlich im Erfahren der Orte. Eine Pilgerfahrt, wenn man so will, in Zeiten, in denen selbst der Begriff „Postmoderne" zu zerfallen droht. Zu Zeiten, in denen Erkenntnis wenig mehr ist als eine Gefühlslage. Genauso unnötig wie unmöglich sie zu vermitteln, das heißt sie als Erfahrung mit anderen zu teilen und damit überprüfbar zu machen. Und sei es nur, dass man, wie unsere Großeltern es noch konnten, die Sagen und Geschichten dieser Orte weitererzählt und so am Leben erhält. Das nämlich ist eine weitere Besonderheit jener Kraftorte: Die Sprache, genauso wie die Geschichten, die von ihnen weitergereicht werden, sind erstaunlich dürftig. Zwar fehlt es nicht an genauen Angaben. Es gibt sogar ein sprachliches Instrumentarium verwirrendster, teils widersprüchlicher Begriffe und Formeln. Gerade Anhängerinnen und Anhänger der Wünschelrutengeherei oder Geomantie bedienen sich heute ohne Scham aus dem Wortschatz der Quantenphysik und setzen ihn in einen Kontext, in dem besonders fühlige Menschen mit Weiden und Haselnussruten sphärischen Energiegittern nachspüren: Energien, Wellen, Lichtquanten.

Doch taugt dieses Vokabular aus dem Bereich der Physik tatsächlich dazu, um über das persönliche Erleben an einem bestimmten Ort berichten zu können? Um auf diese Frage zu antworten, ist es gänzlich unerheblich, ob die Ursache für meine Begeisterung in energetischen Schwingungen liegt. Es ist für mein Erleben unerheblich, ob diese Schwingungen, kosmischen Strahlen oder Energien von der Wissenschaft beschrieben werden können oder nicht.

Meine Faszination, mein Betroffensein, meine Begeisterung, mein inneres Erleben hängt nicht daran. Ist diese pseudowissenschaftliche Sprache der angemessene Ton für mein persönliches Erleben? Oder muss ich mir vielleicht doch mehr Mühe geben mit dem Bericht über meine Erfahrungen an einem bestimmten Ort?

All diese Fragen wären doch eine Reise wert. Eine Pilgerfahrt, die versucht, aus den Traditionslinien der besuchten Orte ein Gemeinsames herauszulesen. Eine Suche, die daran festhält, dass es nicht nur Geschichten, sondern auch Geschichte gibt. Geschichte in dem Sinn, als sie den Geschichten eines Ortes und denen, die sie erzählen, ihre eigene Zeit gibt.

Eine Reise, die das ist, was alle Reisen immer schon waren: ein Aufbruch mit Gepäck. Schließlich nehmen wir uns doch bei jeder Reise zwangsläufig selbst mit. Bei jedem Aufbruch zu etwas Neuem, zur Sensation, zum Schauspiel der Landschaft, zu den Anderen begleiten wir uns selbst mit allem, was wir sind und einmal waren. Und so sind wir zu einer Reise zu den bayerischen Kraftorten aufgebrochen: amüsiert, vielleicht manchmal arrogant. Keinesfalls wollten wir vergessen, wer wir sind: nicht Schamane, nicht kosmischer Strahlenlenker und schon gar nicht keltischer Krieger. Sondern ganz unspektakulär, ein Landschaftsfotograf und ein Historiker, Sprachwissenschaftler und Philosoph. Den Bogen haben wir in die Hand genommen, die Kraft gespürt. Und weil wir es nicht anders können, haben wir versucht, sie mit den Mitteln festzuhalten, die uns bleiben: mit Geschichten und Bildern.

Oberbayern

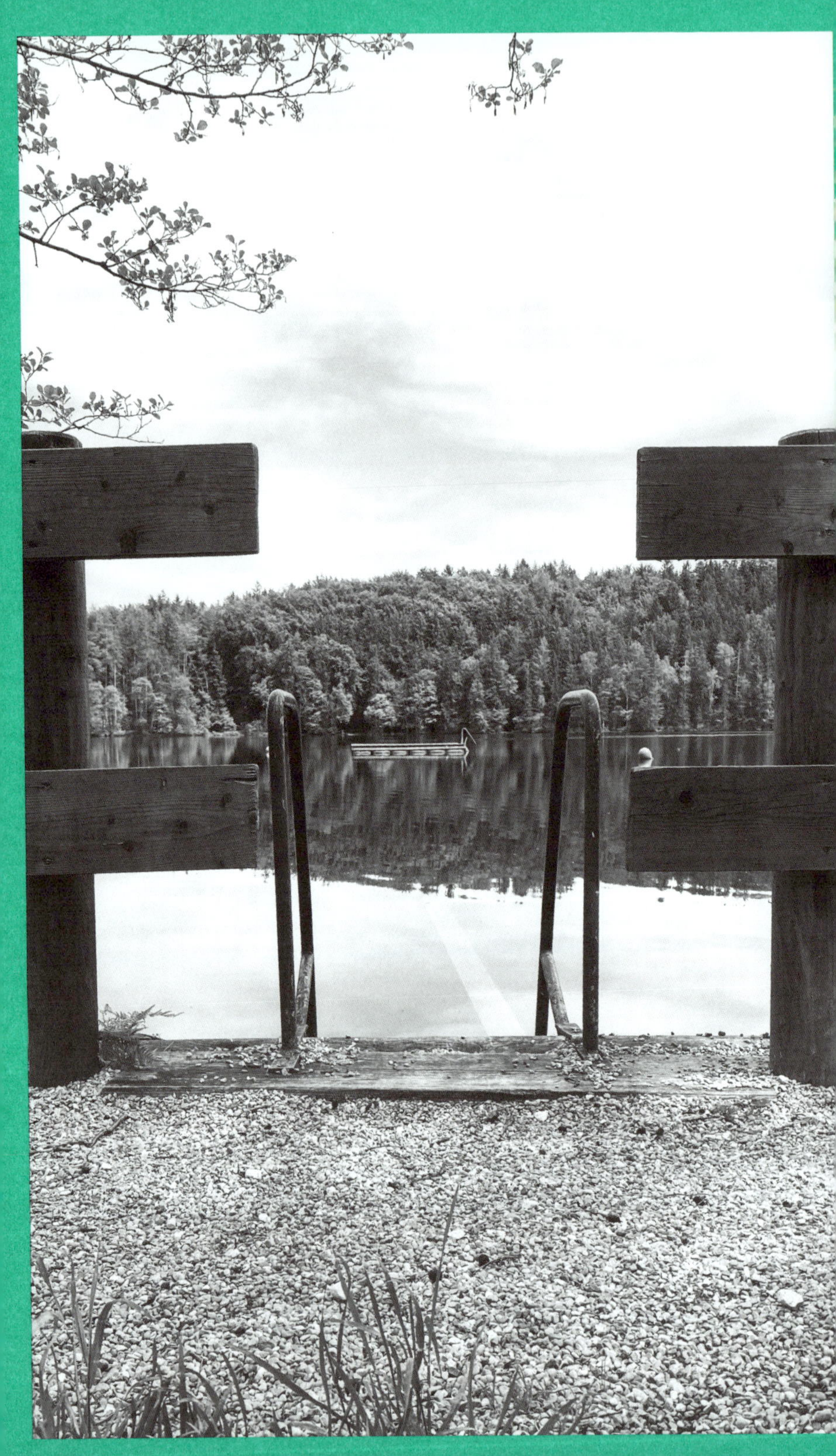

Tüttensee × Grabenstätt

Vom großen Unglück der Kelten

Der See ist nicht groß. Er liegt hinter einem baumbewachsenen Wall fast kreisrund am Ausgang des oberbayerischen Achentals vor der ersten Kette der Kalkalpen. Im Chiemgau öffnen sich die Täler der Prien, der Tiroler Ache und des Inns in Richtung einer bewaldeten Seenlandschaft rund um die weite, offene Fläche des Chiemsees als deren Mittelpunkt: Seit jeher bietet das Gebiet Nahrung, Schutz und Heimat.

Unmittelbar südlich des Tüttensees steigen die Traunsteiner Hausberge Hochgern und Hochfelln auf. Vor allem alte Fichten und Buchen säumen die Ufer des Sees, dazwischen stehen bleich und nervös ein paar Birken. Baumwurzeln und -stämme reichen, dort wo nicht ein Schilfgürtel das Ufer schützt, bis ans Wasser heran. Meist liegt der See still, denn nur mit viel Kraft dringt der Wind durch das dichte Blattwerk. So kräuselt sich die Oberfläche der dunkelgrünen Wasser recht selten. Touristen haben diesen Ort trotz seiner Nähe zur Autobahn, trotz seiner Lage mitten im touristisch bestens erschlossenen Chiemgau kaum entdeckt.

Nur im Sommer herrscht im Freibad reger Betrieb. Während die Eltern aus den umliegenden Orten Grabenstätt und Erlstätt in einem kleinen Strandcafé frühstücken, tobt die Brut in Sicht- und Greifweite.

Jenseits der heißen Sommertage hat man den See meist für sich und findet dort Stille und einen kraftvollen Ort. Jede Jahreszeit verzaubert den See im Farbenspiel der Blätter, im Lichterspiel der Wasserfläche oder mit dem zarten Grün des Laubs.

Eine Zeit lang jedoch stand der kleine Chiemgauer Toteissee mitten im öffentlichen Interesse. Um die Jahrtausendwende herum beschäftigte der See gut eine Dekade lang die erdgeschichtliche und prähistorische Forschung des südostbayerischen und schließlich des gesamten europäischen Raumes.
Eine Gruppe aus Hobbygeologinnen und -historikern streifte mit hochempfindlichen Metallsonden durch die Wälder südlich des Innbogens zwischen Alpenrand und Altötting. Immer wieder stießen sie dabei auf kleine metallische Objekte, deren Ursprung sie sich nicht erklären konnten.
Erst die spätere Untersuchung im Labor legte nahe, dass einzelne metallische Verbindungen in den Fundstücken, etwa Gupeit oder Xifengit, außerirdischer Herkunft sein müssten. Nachdem die Hobbyforscherinnen und -forscher die Brocken meist in Senken oder Kratern gefunden haben wollten, schloss man bald, die erdfremden Metalle könnten von einem Meteoriten stammen.
Der Würzburger Geologie-Professor Kord Ernstson nahm sich der These an, die bald unter dem Titel „Chiemgau Impakt" für Wirbel sorgen sollte. Der See war nach Ansicht der Forschenden der größte Einschlagsorte der verschiedenen Splitter eines gewaltigen Meteoriten, der zur frühen Keltenzeit in der Region eingeschlagen sein sollte. Entsprechend konzentrierten sie ihre mehrjährigen Untersuchungen mit Bohrungen, Grabungen und Kartierungsarbeiten auf den kleinen Tüttensee am Ausgang des Achentals.
Nach ihrer Theorie soll während der Bronzezeit, in einer Zeitspanne von 2200 bis 800 Jahren vor Christus ein Meteorit dem Leben der meisten keltischen Bauern- und Hirtenfamilien ein jähes Ende bereitet haben. Eine kosmische und eine historische Katastrophe: ein Komet, der nach dem Eintritt in die Erdatmosphäre zerbarst und dessen herabstürzende Brandsplitter dem gesamten Chiemgau Tod und Verderben brachten. Der Landstrich zwischen Inn und Salzach wurde auf Jahrzehnte unbewohnbar durch eine Gewalt, stärker als das Tausendfache der Bomben auf Hiroshima und Nagasaki.

Die Angst vor dem Himmel, der einem auf den Kopf fallen könnte, der Mythos vom Sonnenwagen, die schreckliche Donner-Gottheit Taranis, der die wenigen überlebenden Chiemgauer Kelten von nun an Tiere, Frauen und Kinder in Brandopfern darbringen würden: In all dem hallt nach Ansicht der Impakt-Forscherinnen und -Forscher die Erinnerung an das Ende der Welt wider, an das unausweichliche Schicksal, dem die Kelten rund um den Chiemsee beim Einschlag des Kometen ausgesetzt waren. Der Schrecken eines kosmischen Unheils, das nicht nur lokal für den Chiemgau, sondern auch für den Verlauf der europäischen Geschichte bestimmend sein sollte.

Nachdem die verheerten Landstriche zwischen Inn und Salzach den wenigen Überlebenden keine Heimat und Nahrung mehr boten, zogen diese fort. Sie zogen dabei in Gebiete, die bereits besiedelt waren und stritten mit den Stämmen dort um neue Lebensgrundlagen. Aus den sesshaften Bauern wurde so über die Jahrhunderte das kriegerische Volk, von dem der griechische Geschichtsschreiber Diodor berichtet, dass es die abgeschlagenen Köpfe der Feinde an seinen Pferden festband und so immer bei sich trug.
Mit der Katastrophe setzte sich eine Kettenreaktion aus Überfall, Flucht und Vertreibung in Gang, welche die germanischen Stämme bis in den Süden und bis vor die Tore der Ewigen Stadt Rom führen sollte. Als nach Jahrzehnten schließlich auch am Chiemsee wieder Keltenstämme ihre Siedlungen errichteten, waren sie Teil einer gesamteuropäischen Kultur geworden. Ihr Schmuck, ihre kultischen Artefakte, ihre Grabbeigaben waren geschmückt mit den Symbolen von Feuerrädern und Sonnen – und sie wussten um die Kunst der Eisenherstellung.
Gerade die Legierungen aus dem Chiemgau müssen sich dabei großer Beliebtheit – vor allem bei den Armeen der Römer – erfreut haben. Die Schwerter und Lanzen waren härter als alles, was sonst auf den Schlachtfeldern Europas zu dieser Zeit genutzt wurde. Ein wesentlicher Bestandteil dieser

keltischen Legierungen waren genau jene kosmischen Stoffe, welche die Hobbyarchäologinnen und -archäologen in den Erzklumpen aus den Impakt-Kratern des Chiemgaus nachgewiesen haben wollen.

Der Chiemgau Impakt ist am Ende eine Theorie geblieben. In den wissenschaftlichen Datenbanken, welche die Orte von Meteoriteneinschlägen auf der Erdoberfläche weltweit katalogisieren, tauchen heute weder der Tüttensee noch einer der anderen vermeintlichen Chiemgauer Krater auf. Die Erkenntnisse der privaten Grabungsgelehrten und des Würzburger Geologie-Professors sind in der Fachwelt nicht mehr umstritten – sie gelten als widerlegt. Der Tüttensee ist – so der Stand der Forschung – ein Toteissee, entstanden, als sich der Achentalgletscher am Ende der Eiszeit in die Alpen zurückzog und im Voralpenland die typischen Endmoränenhügel mit ihren vielen kleinen Seen zurückließ.

Dem Zauber des Ortes tut das keinen Abbruch. Im Gegenteil, besondere Orte erzählen immer besondere Geschichten. Erzählen von ihren Verbindungen zu einem großen Ganzen. Diese Verbindung ist am Ufer des Tüttensees zu spüren. Denn wer immer sich an einem der Stege niederlässt, wird ahnen, aus welcher Kraft Kulturen wie die Kelten geschöpft haben:

Sie ist präsent in den alten Buchen am Ufer des Sees. Sie steigt in die Nase mit dem frischen, kühlen Hauch des Wassers, das ruhig und letztlich unergründlich vor einem liegt. Sie wird sichtbar im Grau der Berggipfel, die hinter dem Erdwall aufragen. Ein Wall umschließt dabei den See und sichert ihn so gegen fremde Blicke und Lärm. Mit ihm wird das Rund des Sees zu einem Inneren, getrennt vom Treiben der Welt außen. Derart abgetrennt und gesichert bleibt auch den Besucherinnen und Besuchern die Ruhe und Freiheit für einen mutigen Blick ins eigene Innere.

Ein Inneres, das hier an eine tiefe, mystische Geschichte anknüpfen kann, die bei allem Suchen noch im Dunklen liegt, doch dank der besonderen Kraft und Energie des Ortes instinktiv erlebbar wird.

Der Tüttensee ist zum Glück nur wenig touristisch erschlossen. Die Mehrheit tummelt sich heute am nahegelegenen Ostufer des Chiemsees. Selbst vielen Einheimischen gilt der geheimnisvolle See hinter dem bewaldeten Ring noch als Geheimtipp. Um den See führt ein schöner Wanderweg. Für den beschaulichen Spaziergang braucht man knapp eine Stunde, wer aus Grabenstätt zum See wandert, ist gut zwei Stunden unterwegs.

Anfahrt: über die A8 – Ausfahrt Grabenstätt. Weiter in Richtung Grabenstätt, in der Ortsmitte die Kirche links liegen lassen, auf der Tüttenseestraße zweimal links halten und den Schildern zum Parkplatz folgen. Vom Bahnhof Prien am Chiemsee lässt sich Grabenstätt auch gut mit dem Bus Richtung Traunstein erreichen.

Zur Stärkung: Das Café am Strandbad ist ungewöhnlich gut ausgestattet: eine schattige Terrasse, Kaffeespezialitäten und mediterrane und bayerische Spezialitäten auf einer wechselnden Tageskarte. Im Winter gibt's sonntags ab 10:00 Uhr Frühstücksbüffet.
Tüttensee Seebad, 83377 Vachendorf
Tel: 08661/983838
tuettenseebad@web.de, www.tuettensee-seebad.de

Impakt-Museum

Das CIRT (Chiemgau Impakt Research Team) hat mit viel ehrenamtlichem Engagement und dem Beistand der Gemeinde in Grabenstätt ein kleines Museum aufgebaut. Unmittelbar am Rathausgebäude im alten Schloss sind auf Schautafeln alle Argumente für den „Chiemgau Impakt" zusammengetragen. In einem ehemaligen Wirtschaftsgebäude des Schlosses sind in Vitrinen Fossilien, Steine und geologische Fundstücke ausgestellt, die das CIRT als Beweis für seine These gesammelt hat (Zugang über die Tourist-Information, Rathaus/Schlossökonomie).
Öffnungszeiten:
Mitte Mai bis Mitte September: Mo-Do 9-12 Uhr und 14-16 Uhr, Fr 9-12 Uhr, Sa-So 14-16 Uhr
Mitte September bis Mitte Mai: Mo-Fr 9-12 Uhr, Do 13:30-16 Uhr, 1. und 3. Sonntag im Monat 14-16 Uhr

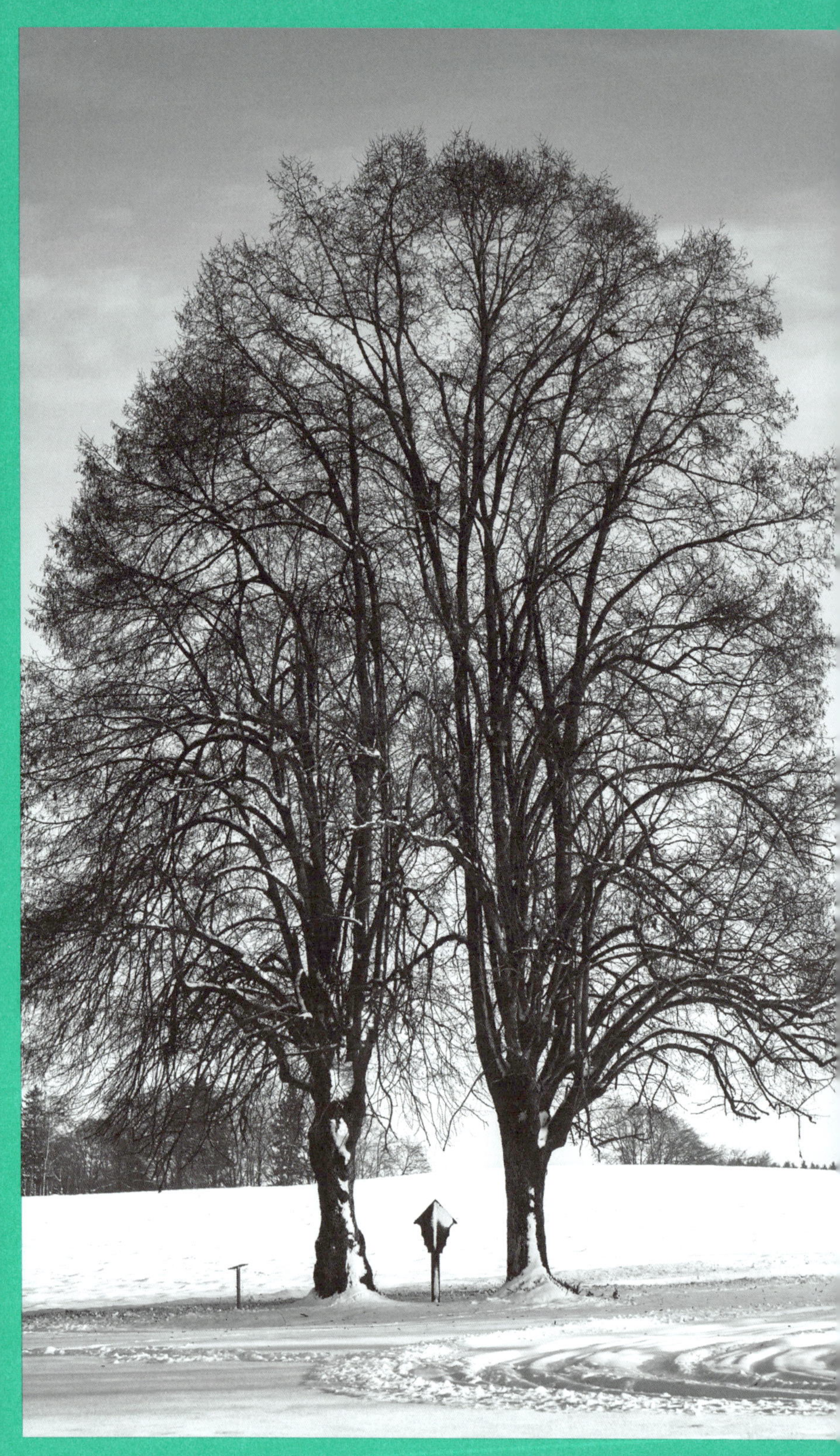

Keltengut × Stöffling

Schmelztiegel Chiemsee

Während sich die größten Zuflüsse des Chiemsees – die Prien und die Tiroler Ache – noch durch enge Täler der oberbayerischen Vorgebirgslandschaft zwängen, weitet sich das Gelände am Hauptausfluss des Sees. Es läuft in einer großzügigen Hügellandschaft aus, waldreich und mit zahlreichen kleineren Seen. Die Alz verlässt bei Seebruck den See und windet sich gleich darauf in ein paar Schleifen in Richtung Norden. Die felsigen Kämme der Chiemgauer Hausberge hinter sich, sucht sie ihren Weg durch Wälder, Äcker und Weiden. Sie fließt durch eine fruchtbare Agrarlandschaft mit kleinen Weilern, ein paar malerischen Kirchtürmen und den Dörfern drum herum. Schon am Chiemsee zeichnet sich ab, was das Ziel des kleinen Flusses sein wird: nicht mehr das Gebirge, sondern die niederbayerische Ebene. Nahe des Papstgeburtsorts Marktl mündet die Alz schließlich in den Inn, der ihre Wasser dann vorbei an den niederbayerischen Maisfeldern und Schweinefarmen zur Donau bringen wird.

In Seebruck hält sich der Charakter der Landschaft die Waage: Der Blick über den Weitsee Richtung Süden wird noch gefasst durch die aufschießenden, schroffen ersten Gipfel der Kalkalpen, in die sich tief und deutlich sichtbar die Tiroler Ache ihr Bett gegraben hat. An manchen Tagen steht man am Seeufer wie am Strand eines Meeres. Von der Enge der Tiroler Gebirgstäler bleibt hier nur ein pittoresker, bereits etwas entrückter Horizont. Die zahlreichen Wege entlang der Alz verlangen kaum mehr Mühe, kein allzu steiler Anstieg bremst den Schritt oder den Tritt in die Pedale. Sie führen an Weiden, Pferdekoppeln, an Mais- oder Getreideäckern vorbei, manchmal auch durch einige schattige Waldflecken hindurch.

Der Ort war Knotenpunkt für zwei römische Fernstraßen. Eine führte aus dem Alpenraum heraus an Seebruck vorbei in Richtung Norden nach Passau und Regensburg. Sie orientierte sich dabei am Lauf der Alz. Die wichtigere Route verband Salzburg mit Augsburg. Die Straße war im römischen Wegenetz von enormer Bedeutung. Sie erlaubte den militärischen Strategen des Reichs letztlich eine Verlegung der römischen Streitkräfte auf der Ost-West-Achse, die in goldenen Zeiten von Paris bis Konstantinopel reichte. Der Abschnitt nördlich des Chiemsees verband die beiden römischen Provinzen Noricum und Rätien, die durch den Inn als Grenzfluss getrennt wurden. Die Straße verließ Seebruck in nordwestlicher Richtung, um irgendwo zwischen Rosenheim und Wasserburg auf eine weitere Militärstraße zu treffen, die vom Brenner kommend bis nach Regensburg reichte. Über die alte römische Innbrücke „Pons Aeni" ging es schließlich weiter bis Augsburg und Günzburg. Die heutige Landeshauptstadt München spielte damals noch keine Rolle.
Zur Sicherung der Brücke über die Alz und der Hafenanlagen am Chiemsee stationierte Rom spätestens seit den 80er-Jahren des 1. Jahrhunderts vor Ort Legionäre und Soldaten. Unter dem Boden der Seebrucker Dorfkirche liegen noch heute Mauern und Fundamente des römischen Castrums.
Doch hatte das umtriebige Weltreich der Cäsaren die Gegend am Nordufer des Chiemsees nicht unbewohnt vorgefunden. Zahlreiche Ausgrabungen in der Umgebung legen nahe, dass bereits Hunderte von Jahren vor dem Bau des Römerkastells an der Brücke nahe Seebruck Keltenstämme gesiedelt haben müssen. Immer wieder kommen noch heute beim Graben

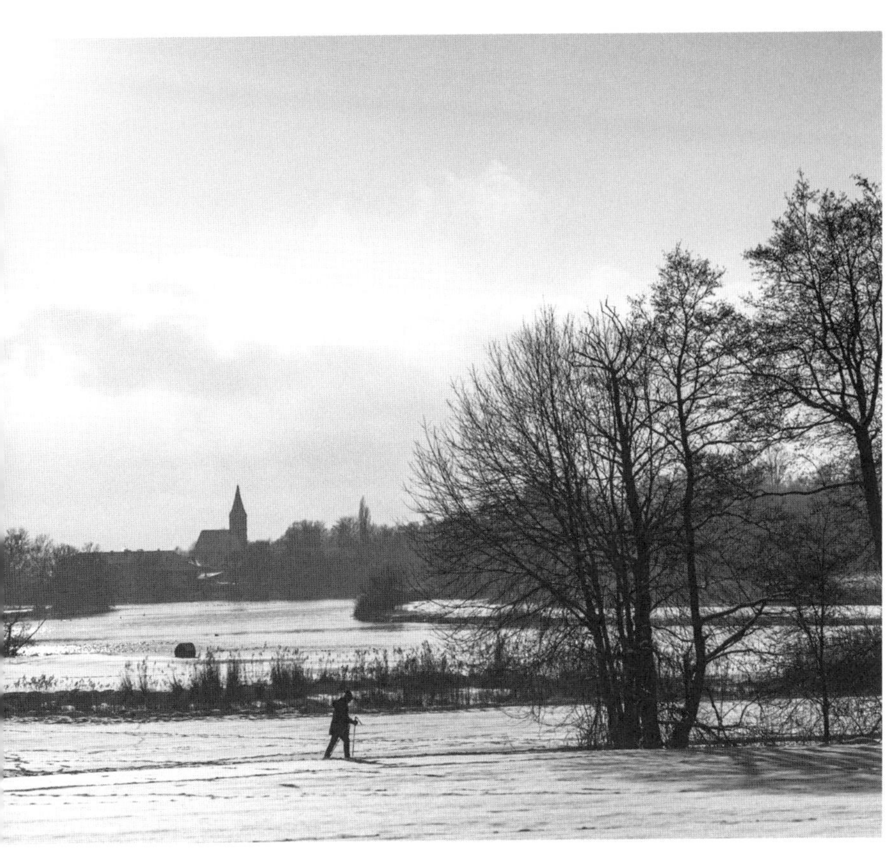

in den Foldern und Äckern um den Ort keltische Silber- und Goldmünzen sowie Gewandspangen ans Tageslicht.

Am rechten Ufer der Alz führt ein kleiner Pfad in Richtung Norden zum Weiler Stöffling. Der Weg ist als „Keltischer Baumweg“ ausgeschildert und mit einigen Schautafeln und Stationen versehen. Sträucher und Bäume besaßen neben ihrem praktischen Nutzen als Baumaterial oder Nahrungslieferant für die Kelten wohl eine weitergehende, spirituelle Bedeutung. Ob sie allerdings, so wie in der nordischen Sagenwelt, einen Weltenbaum verehrten, ob diese einzelne Bäume verehrten, oder ob sie in deren Wachsen und Gedeihen, in Blättern, Ästen und Stämmen, in Früchten und Samen eine allgemeine Lebenskraft sahen, bleibt unbekannt. Zu spärlich sind die Zeugnisse, die uns aus dieser Zeit in der römischen Provinz Noricum geblieben sind. Lediglich die Beobachtungen in Texten von römischen und griechischen Zeitzeugen geben ein wenig Aufschluss.

Allerdings behielt jeder dieser klassischen Geschichtsautoren von Herodot bis Gaius Julius Caesar die Brille seiner Kultur auf. Keltische Gottheiten wurden mit der eigenen Götterwelt verglichen und deren Bedeutung passend gemacht für den Götterreigen entweder der griechischen oder der römischen Welt.

Erschwerend kommt hinzu, dass spätestens seit dem 19. Jahrhundert die germanischen Kulte wieder – allerdings nur sehr oberflächlich – in Mode kamen. Ein keltisches Baumhoroskop in deutscher Sprache gibt es erst seit 1985. Es war – folgt man einem Urteil des Bundesgerichtshofs in Karlsruhe – das Ergebnis eines schlichten Plagiats eines Artikels in der französischen Modezeitschrift „Marie Claire" aus dem Jahr 1971. Die Autorin des Originals hatte für ihr französisches Lesepublikum bereits arabische, chinesische und tibetanische Horoskope erfunden, aus deren Schatz sich die deutsche Autorin des „Keltischen Baumhoroskops" ungeniert bediente.

Der Beliebtheit solch mystischer Umtriebe schadet das offensichtlich nicht. Wie sich überhaupt vieles im bayerischen Selbstverständnis heute auf die Kelten zu berufen scheint. Der Bayer wurde zum Bayern als Bajuware: aller Wahrscheinlichkeit nach ein urgermanisches Wort, zusammengesetzt aus „Boier" und „Warjoz". Letzteres bedeutet nicht viel mehr als „Bewohner von", ersteres weist auf den Keltenstamm der Boier hin, die allerdings in einem riesigen Gebiet entlang der Donau vom Balkan bis in das südliche Bayern zu finden waren. Wobei sich um den Chiemsee herum auch Siedlungen der Alaunen belegen lassen.

Am Ausfluss des Chiemsees bei Seebruck müssen diese Stämme um die Zeitenwende friedlich mit den Römern gelebt haben. Wahrscheinlich schuldeten sie den Herren aus Rom Tribut – und dürften sich mit der Zeit mit ihnen gemischt haben. Hundert Jahre nach Christus sind die Gehöfte der Kelten am nördlichen Chiemseeufer bereits verschwunden. Das römische Reich zerfiel und in das Machtvakuum drangen wohl germanische Stämme aus dem Norden ein, eventuell über den Donauraum auch Awaren vom Balkan oder vielleicht sogar Hunnen aus den Steppen Asiens.

Der „Keltische Baumweg“ ist nur ein Teil eines archäologischen Rundwegs, gut geeignet für eine längere Wanderung – oder eine kürzere Fahrradtour – im nördlichen Umkreis von Seebruck. Eine Station des Weges ist das im Jahr 2000 errichtete Keltengehöft nahe dem Weiler Stöffling. Die Rekonstruktion der einfachen, langgestreckten Ständerbauten mit Lehm-, Holz- und Flechtwerkwänden folgt den aktuellen archäologischen Erkenntnissen. Man weiß aus zahllosen Funden rund um Stöffling über das handwerkliche Geschick der Chiemgauer Keltenstämme. Gefundene Silberbarren legen nahe, dass die Kelten vor Ort auch Münzen geprägt haben könnten.
Entlang des Alzbogens führt der Lehrpfad schließlich weiter zu keltischen Befestigungsanlagen, zu einigen Grabhügeln aus der Eisenzeit und Fundorten von Bronzeringen. Archäologische Rekonstruktionen geben – bei aller Ungewissheit, auf die in den Texten der Schautafeln immer wieder hingewiesen wird – einen kleinen Einblick in das keltische, das römische und prähistorische Leben am Nordufer des Chiemsees. Das, so beweisen es die Fundstücke, seit mehr als 4 000 Jahren ihren Nutzen aus den hier vorteilhaften Bedingungen gezogen haben muss.
Verwunderlich ist es nicht, denn Menschen stehen entlang der ruhig fließenden Wasser der Alz und ihren sanften Uferbögen seit jeher fruchtbare Böden und ertragreiche Jagd- und Fischgründe zur Verfügung. Das rege

Hin und Her der Volksstämme und Imperien zeigt auch, dass sich der Ort an einem Knotenpunkt befunden haben muss, der sowohl vom Osten über den Donauraum erschlossen werden konnte als auch über die Alpentäler vom Süden her. Dass Seebruck bereits seit Römerzeiten einen kleinen Hafen unterhielt, zeigt auch, dass Austausch, Handel und Verkehr an diesem Ort eine lange Tradition gehabt haben müssen.

Wir wissen, dass die Stämme der Provinz Noricum friedlich mit den Römern lebten und überdies in der Lage waren, mit der Zeit römisches Gedankengut aufzunehmen und sich auf die neue Kultur einzulassen – ganz offensichtlich zu beiderseitigem Nutzen. Das Enge, Eingrenzende der noch nahen Gebirgslandschaften fehlt dem Ort. Er erlaubt einen Blick in die Weite. Wenn der Chiemsee andernorts nur Buchten und damit nur in Ausschnitten zu sehen ist, liegt er hier in seiner ganzen Weite vor der Betrachterin und dem Betrachter in einer beinahe unüberblickbaren Fläche.

Das Freilichtmuseum „Keltengut Stöffling" ist nach einer kleinen Wanderung direkt vom Chiemseeufer aus zu erreichen. Es ist das ganze Jahr über geöffnet, bisweilen finden im Sommer auf dem Gelände auch kleinere Familienfeste statt: Ältere Herren verkleiden sich dann als Legionäre oder keltische Schmiede. Es gibt Wurst, Limo und Bier, Kinderschminken und Alpakareiten. Der Fußweg von Seebruck braucht gut eine Stunde und ist für jede Altersgruppe ohne größere Schwierigkeiten machbar.
www.seeon-seebruck.de/kultur

Anfahrt: Die A8 am besten bei Grabenstätt verlassen und dann über Chieming entlang des Chiemsee-Ostufers bis nach Seebruck fahren. Kurz vor der Alzbrücke rechts abbiegen und das Auto gleich danach auf dem Parkplatz abstellen. Über den keltischen Baumlehrpfad dauert die Wanderung nach Stöffling eine knappe halbe Stunde. Der Weg ist gut beschildert.
Vom Bahnhof Prien am Chiemsee fährt stündlich ein Bus in Richtung Traunstein. In Seebruck aussteigen und am rechten Alzufer nach Stöffling wandern.

Zur Stärkung: Wer den archäologischen Rundweg ganz entlangwandert, sollte an seinem nördlichsten Punkt bei den hallstattzeitlichen Hügelgräbern einen Abstecher nach Seeon machen. Die Brauerei „Camba Bavaria" ist einer der Pioniere des deutschen Craft-Beer-Booms und hat in Seeon eine Biererlebniswelt mit eigener Bäckerei eingerichtet.
Camba Bavaria, Gewerbering 3, 83370 Seeon
Tel.: 0049-8624-4073300
office@cambabavaria.de; www.cambabavaria.de

Römermuseum Bedaium

Im Museum sind die archäologischen Funde aus keltisch-römischer Zeit ausgestellt, die über die Jahre rund um Seebruck aufgetaucht sind. Es gibt regelmäßig spannende Angebote für Kinder.
Römerstraße 3, 83358 Seebruck
Tel.: 0049-8667-7503
roemermuseum-bedaium@t-online.de
www.roemermuseum-bedaium.byseum.de
Öffnungszeiten (März bis Oktober): Mo–So 10–17 Uhr

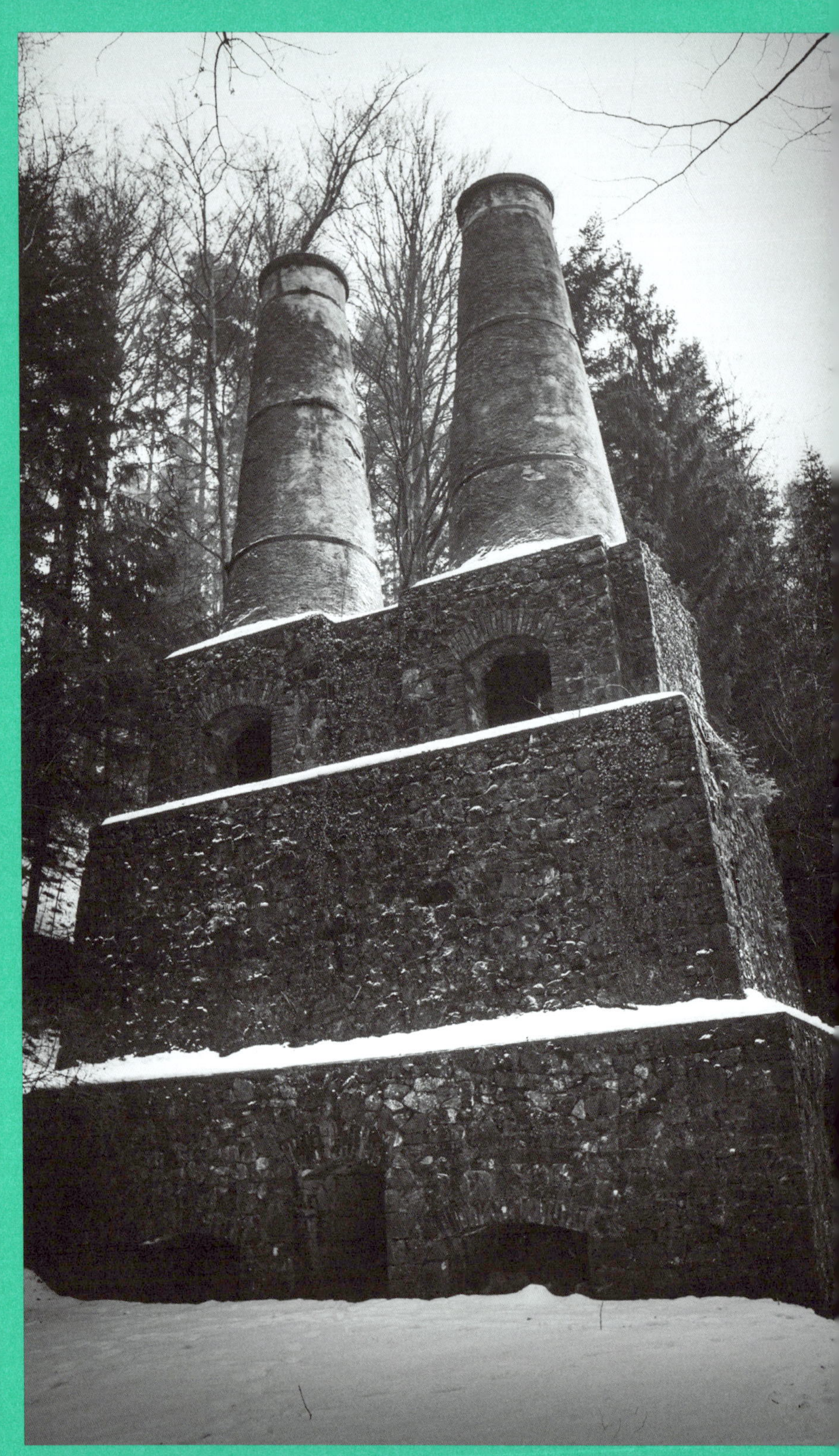

Litzldorf

Quellen und Reinheit

Der Weg ist wenig beschwerlich. Gleich an der Litzldorfer Kirche und den letzten Höfen steigt eine Buchenallee leicht in Richtung eines kleinen Tals zwischen Sulzberg und Farrenpoint an. Die beiden Gipfel liegen vor dem Wendelsteinmassiv mit seiner markanten Felsspitze samt Sendemast des Bayerischen Rundfunks. Wer still ist, kann noch vor dem Verlassen des kleinen Dorfes einen Bach rauschen hören, der auch schon bald rechter Hand zwischen den Bäumen, ein gutes Stück unterhalb des Weges, sichtbar wird.

Die Gegend um Bad Feilnbach – Litzldorf ist heute ein Ortsteil des Moorbades am Ausgang des Inntals – ist reiches Kulturland, das enge Beziehungen nach Freising und über das Inntal bis nach Brixen in Südtirol pflegte. Die Benediktiner vom Tegernsee unterhielten am Litzldorfer Bachlauf schon im 13. Jahrhundert eine Mühle, die aus der regen Bewegung des kleinen Gebirgsbachs ihre Kraft zum Antrieb der schweren Mühlsteine schöpfte.

Bald schon stehen Schilder am Wegrand, die auf Wanderwege in Richtung Wendelstein, Schlipfgrub- und Schuhbräualm genauso wie auf den Weg zu einer Schwefelquelle und zum Litzldorfer Zementwerk hinweisen. Die Ruine taucht schon nach wenigen Schritten aus dem Mischwald am Bachufer auf. Das Wasser läuft hier aufgestaut über gemauerte Kaskaden in Richtung des Dorfes. Am gegenüberliegenden Ufer ragen zwei kalkbleiche Kegel aus einem in Backstein gemauerten rötlichen Gebäudeblock heraus. Dunkel liegen Schatten in den leeren Fenster- und Türstöcken mit ihren sorgfältig gefassten Bögen. Dahinter reihen sich entlang des Wasserlaufs einige weitere Mauerreste und Gruben auf.

Es sind die Reste einer frühen bayerischen Industrieanlage. In der zweiten Hälfte des 19. Jahrhunderts brachen und mahlten die Menschen den hier reichlich vorhandenen Kalksteinfels. Der Kalkstaub wurde mit Tonmergel – auch der nicht wirklich eine Rarität im Alpenvorland – zu Zement gekocht. Glauben wir der Lokalgeschichtsschreibung, so waren es örtliche Bauern und Handwerker, die damit für sich ein einträgliches Geschäft mit dem wichtigen Rohstoff der aufkeimenden Bauwirtschaft erschlossen hatten. Aus einer Mühle, die bis dahin aus Baumrinden die für eine Lederproduktion nötigen Gerbstoffe presste, wurde eine Steinmühle – neu dazu kam der eindrucksvolle Ofen für das Brennen des Zements.
Die Geschichte des Bauwerks dauerte am Ende kaum fünfzig Jahre. Als gegen Ende des 19. Jahrhunderts weitere Teilhaber in das Projekt investierten und diese statt der Wasserkraft eine Dampfmaschine zum Zerkleinern des Gesteins einsetzten, begannen die Probleme.
Die Kokse zum Heizen der Anlagen mussten mühsam mit Pferdewagen vom Raublinger Bahnhof angekarrt werden, die Eigentümer waren knausrig und drückten sich um eine angemessene Entlohnung der Arbeitskräfte. Jahr für Jahr waren so die Litzldorferinnen und Litzldorfer weniger begeistert von der wachsenden Industrieanlage vor ihrem Ort. Zum Schluss galt sie ihnen letztlich nur noch als „Quelle für Unfrieden und Ärgernis“, wie eine Ortschronik festhält.
Doch lange musste die Gemeinde nicht mehr mit dem unliebsamen Nachbarn leben. Zwei Jahre vor der Jahrhundertwende fing die Anlage Feuer und brannte bis auf die Grundmauern nieder. „Zehn Tage hat's gebrannt, es war heiß und wir waren zehn Tage besoffen“, steht dazu in der Chronik der örtlichen Feuerwehr.

Die Schürfrechte gingen an das Portlandzementwerk in Raubling, das mit der Betonproduktion weit erfolgreicher war. Das Unternehmen beschäftigt heute europaweit gut 2 000 Mitarbeitende. Dennoch wird niemand in Litzldorf über diese Entwicklung besonders traurig sein. Der Blick über den

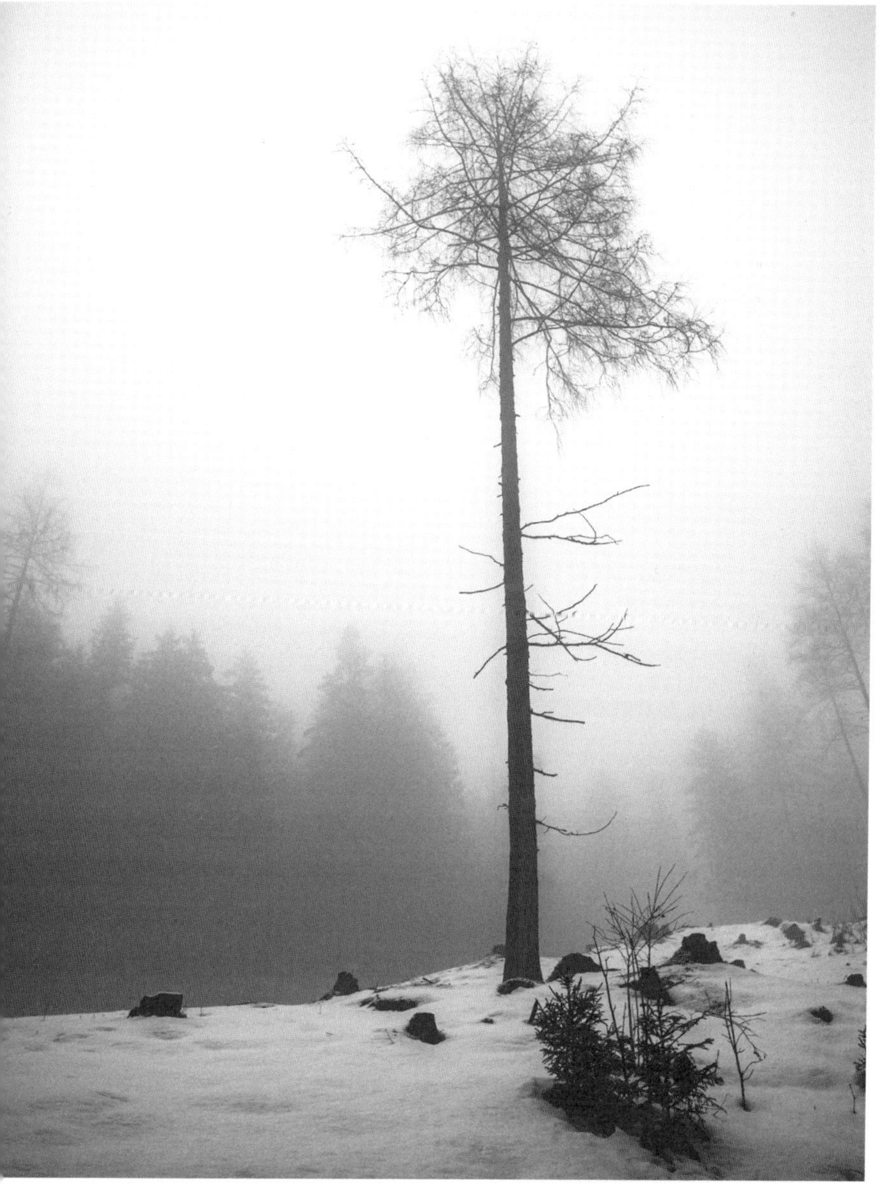

Inn offenbart heute die Kosten dieses wirtschaftlichen Erfolgs. Jahr für Jahr graben sich die Raublinger Zementkocher tiefer in einen beliebten Ausflugsberg der Region: eine schwärende Wunde in der eindrucksvollen Landschaft des Inntals. Dazu kommt der Streit zwischen Unternehmen, Ämtern und Bürgerinitiativen, der den alten Ärger der Litzldorferinnen und Litzldorfer mit ihrer glücklosen Anlage vergleichsweise mild aussehen lässt.

Ein Pfad verläuft hinter der Ruine weiter bachaufwärts, bis ein Wasserfall den weiteren Weg durch das Tal versperrt. Zum Glück führt vor dem Wasserfall am rechten Bachufer ein Steig über einige Serpentinen den recht abschüssigen Hang aufwärts bis zur bereits bekannten Forststraße. Es ist kein langer Weg mehr, bis schließlich den rechten Wegrand ein hölzerner Unterstand ziert. Ein Zaun mit einem Gatter und etwas Stacheldraht davor schützt das Innere vor Wildtieren. Es riecht deutlich nach faulen Eiern. Unter dem Dach des Verschlags läuft Wasser in ein poliertes Edelstahlbecken. Und wenn es auch kristallklar aus dem Hahn rinnt, so wird es dennoch allen, die hier nach einer anstrengenden Wanderung ihren Durst löschen möchten, zur Enttäuschung werden. Es ist zwar kühl, schmeckt aber nach Schwefel.

„Die Quelle ist frei von organischen Verunreinigungen und sonstigen Verbindungen bedenklicher Art. Sie hat hohen Gehalt von doppelkohlensaurem Natron, eignet sich sehr gut für Trinkkuren", stand 1929 in einem Bescheid des bayerischen Staatslaboratoriums in Bad Kissingen an die Gemeinde Litzldorf. Diese hatte sich mit ihrer Anfrage an die Bäderaufsicht im fränkischen Kissingen ganz offensichtlich mehr erhofft, denn eine Heilquelle im Ort kann ein einträgliches Geschäft sein. Leuchtendes Beispiel dafür sind die Mineralbrunnen in Bad Adelholzen, ein paar Kilometer weiter östlich. Dort sprudelt bereits seit über tausend Jahren eine

Quelle im Wald mit zeitweise regem Kurbetrieb. Der bayerische Hochadel und der internationale katholische Klerus, etwa Papst Pius XII., kehrten dort bis zu Beginn des 20. Jahrhunderts regelmäßig zum Kuren ein. Noch heute werden in jenem Wald zwischen Bergen und Siegsdorf die deutschlandweit bekannten Adelholzener-Flaschen gefüllt.

Dass das Bäderwesen immer noch eine lukrative Verheißung für so manche Gemeinde ist, beweist die jüngere Geschichte. Unvergessen das Schmierentheater, das Landesvater Franz-Josef Strauß mit seinem Amigo und Geschäftspartner, dem Bäderkönig Eduard Zwick, in den 80er-Jahren in der niederbayerischen Kiesebene vor den Toren Passaus aufführte. Zwick hatte sich in den 60er-Jahren eine der Heißwasserquellen beim Weiler Füssing angeschafft und damit den Grundstein für ein recht einträgliches Bäderimperium gelegt. Mit Zwick stieg auch der kleine Weiler zum renommierten Kurbad auf. Ein Vorbild für viele Gemeinden, zumal die Geologie des Voralpenlandes mit ihren Verwerfungen und undurchlässigen Lehmschichten für allerhand Überraschungen gut ist. Noch heute tingeln Erdölgesellschaften durch die Landschaft, immer noch in der Hoffnung, ein ergiebiges Erdgaslager zu erschließen. In den 80er-Jahren stieg so zuletzt das unscheinbare Endorf zum Kurort auf, als bei einer dieser Erkundungsbohrungen Thermalwasser an die Erdoberfläche trat.

Eine ähnliche Hoffnung mögen auch die Bewohnerinnen und Bewohner Ende der 20er-Jahre des vorigen Jahrhunderts gehegt haben. Allerdings war damals schon die Quelle, die dort aus dem Wendelsteinmassiv rann, wenig ergiebig. Wer heute selbst einen kleinen Becher unter den Auslass hält, der wird ein Weilchen warten müssen, bis sich dieser füllt. An Trinkkuren oder gar einen Badebetrieb ist mit diesen Mengen nicht zu denken. Die Gemeinde Feilnbach, zu der Litzldorf seit 1978 gehört, trägt ihren Badtitel lediglich als Moorbad. Zwar haben sich auch hier – wie an vielen

Orten der Umgebung – Kliniken angesiedelt, ein mondänes Kurleben fand und findet hier jedoch nicht statt.

Aber vielleicht hat auch das sein Gutes. Als nach der Gesundheitsreform der 90er-Jahre die Kuraufenthalte aus den Leistungskatalogen der gesetzlichen Krankenkassen gestrichen wurden, begann eine schwierige

INFO

Schwefelquelle Litzldorf
Die Quelle ist nach einer kleinen, halbstündigen Wanderung von Litzldorf aus bequem zu erreichen. Nach ihrem Besuch lohnt es sich, von hier eine Tagestour auf den Wendelstein oder einen der umliegenden Gipfel zu beginnen – schon allein der teils atemberaubenden Ausblicke auf den gesamten Chiemgau bis nach München wegen. Für die Wanderung sind zwei bis zweieinhalb Stunden einzuplanen. Ist der Weg bis zum Zementwerk noch verhältnismäßig eben, steigt die Forststraße stetig an und erfordert ein wenig Kondition.

Anfahrt: Die A8 bei Bad Aibling verlassen und den Schildern nach Bad Feilnbach folgen. Im Ort am Ende der Straße links auf die Kufsteiner Straße in Richtung Brannenburg und Derndorf abbiegen. Die Straße führt direkt nach Litzldorf. An der Kirche die Straße rechts verlassen und parken. Von hier dem Wanderweg über das Zementwerk zur Quelle folgen. Mit den öffentlichen Verkehrsmitteln ist Litzldorf über Raubling erreichbar. Vom Bahnhof Raubling sind es wenige Minuten Fußweg bis zur Haltestelle „Gymnasium“, von wo regelmäßig ein Bus bis nach Litzldorf fährt.

Entwicklung. Gerade junge Kurbäder wie Bad Endorf in der Nachbarschaft kämpfen seitdem mit dem Unterhalt ihrer äußerst kostspieligen Quellbohrungen und Schwimmbäder. Ein Kampf gegen Windmühlen, der Feilnbach mit der kleinen Gemeinde Litzldorf erspart blieb.

Zur Stärkung: Direkt unterhalb der Kirche liegt die Gastwirtschaft Höss mit recht schönem Biergarten. Nicht nur gehört eine eigene Metzgerei zum Haus, die Wirtsleute betreiben zudem ihre eigene Landwirtschaft, mit der sie die Küche und Metzgerei des Hauses versorgen. Früher durchaus typisch, ist das heute eine echte Rarität in Oberbayern.

Land-Wirtschaft Höß
Aiblinger Straße 30, 83075 Bad Feilnbach-Litzldorf
Tel.: 0049-8066-355
hotel@gasthof-hoess.de; www.gasthof-hoess.de

Ein echtes Thermalbad

Die nächste echte Therme mit Thermalbecken, Heilwasser und vor allem einer wirklich schönen Saunalandschaft liegt in Bad Aibling keine 20 Minuten Fahrzeit von Litzldorf entfernt. Sie ist der ideale, erholsame Endpunkt nach einer strapaziösen Bergtour oder einem Tag auf Skiern.

Therme Bad Aibling
Lindenstraße 32, 83043 Bad Aibling
Tel.: 0049-8061-9066200
info@therme-bad-aibling.de; www.therme-bad-aibling.de

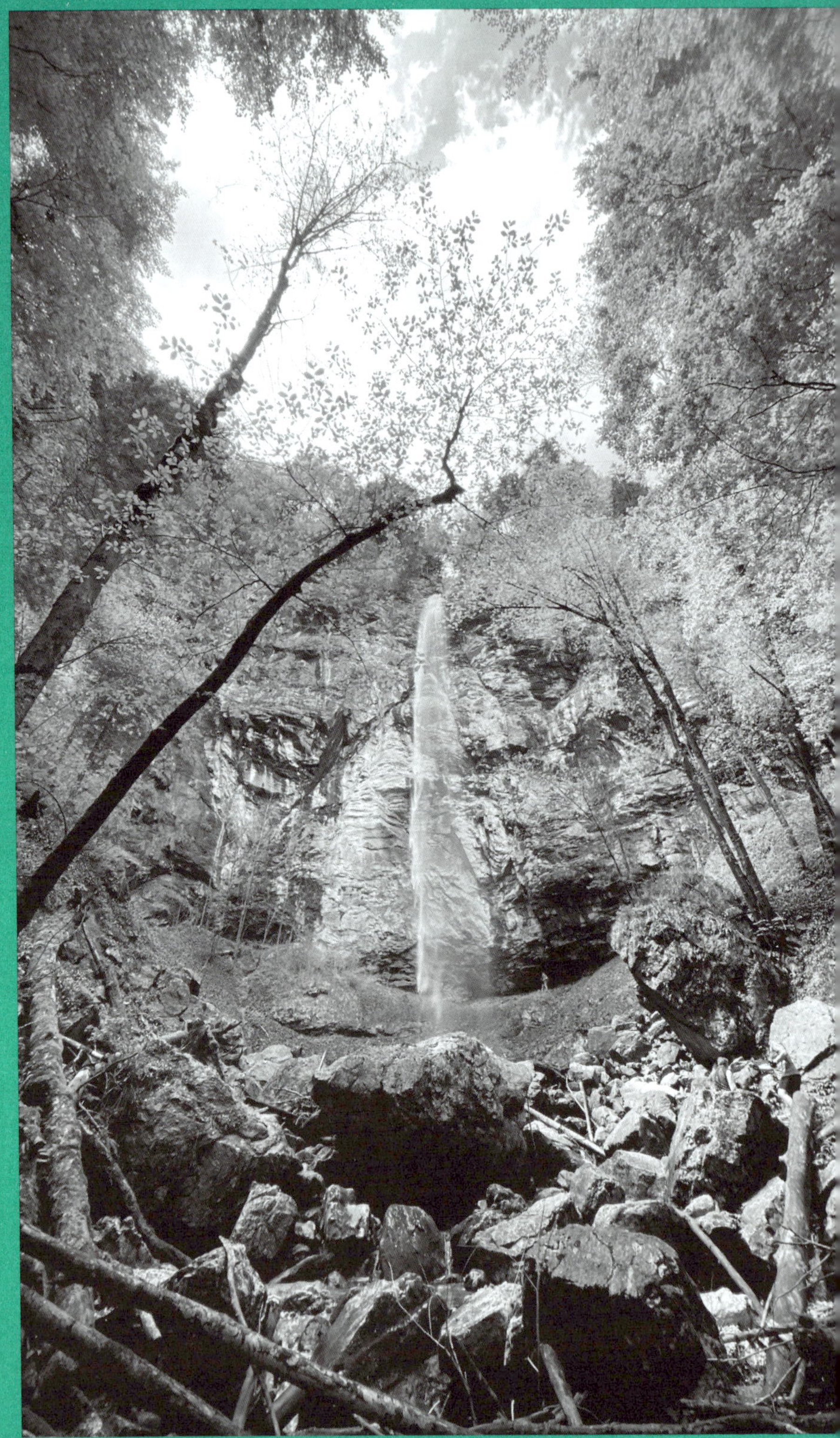

Schossrinn × Aschau im Chiemgau

Ein Frauenkraftplatz

Das Priental ist für den Chiemgau ein uralter Zugang in Richtung Süden zum Inntal und zum Brennerpass. Eingepfercht zwischen den Gebirgsstöcken des Kampenwand- und Geigelstein-Massivs im Süden und der Hochries im Norden liegt eine Reihe von Talböden – schneesicheres Terrain und damit beliebter Treffpunkt für den Langlaufsport.

Ende der 70er-Jahre war das Tal Drehort für ein damals unerhört teures Fernsehprojekt des Bayerischen Rundfunks. Vordergründig beschäftigt sich der Dreiteiler „Sachrang – Eine Chronik aus den Bergen" mit dem Leben des 1766 in Aschau geborenen Müllers, Musikers und rustikalen Universalgenies „Müllner Peter". Eigentlich aber beschreibt es die Verhältnisse einer ärmlichen, abergläubischen Bauerngesellschaft in Zeiten der Aufklärung. Durch die Serie wurde das Tal jedoch deutschlandweit bekannt.

Im Süden schließt der Blick auf Kaisergebirge und Inntal das Panorama ab, im Norden öffnet sich das Tal vor einer eindrucksvollen Szenerie in Richtung des südwestlichen Chiemseeufers. Den Ausgang bewachen die Burg Hohenaschau und der Chiemgauer Hausberg, die Kampenwand. Die Prien drängt sich im Tal abwechselnd durch engen Fels und fließt dann auch etwas ruhiger über schmale Auenböden. An deren Flanken steigt das Gelände unter Fichten, Tannen und vereinzelten Laubbäumen recht schnell an. Von diesen Hängen nähren immer neue Wasser die Prien, die sich über Gumpen, Sturzbäche und Wasserfälle von den Almen oberhalb ihren Weg ins Tal suchen.

Die Kraft dieser Wasser wissen die Menschen im Tal schon lange zu nutzen. Nicht erst zu Zeiten des Müllner Peter ließen die Einheimischen damit Mühlsteine, Sägeblätter oder die Antriebswellen der Hammerwerke für die Schmieden im Ort kreisen. Eisenerz wurde hier in den Gruben bereits Anfang des 16. Jahrhunderts abgebaut und verarbeitet. Noch heute deuten Ortsnamen – wie etwa der Hammerbach unterhalb der Burg Hohenaschau – auf die Nutzung der Wasserkraft hin.

Von besagtem Hammerbach führt ein idyllischer Weg entlang der Prien in das Tal. Die Burg lässt man unter dem Schatten einiger Buchen auf der linken Seite liegen, genauso wie die viel befahrene Staatsstraße, auf der auch heute noch viele Einheimische den Weg ins Inntal abkürzen. In einer Art Klamm fließt der Fluss etwas unterhalb des Weges. Dann hinter dem Weiler Bach bildet er eine Reihe von Gumpen und Senken, die malerisch von altem Baumbestand überwuchert werden.

Ein wenig weiter flussaufwärts verliert das Gewässer etwas seinen Reiz, zu Gunsten der Landwirtschaft wurde sein Bett in ein allzu starres und gerades Korsett gepresst. Dafür aber macht sich hinter einem Hügel ein Wasserfall bemerkbar. Weithin sieht man das Wasser gut 70 Meter in die Tiefe stürzen. Über die Jahrtausende hat sich eine Rinne in den schroffen Kalkfels gewaschen, aus der es hervorbricht und über grauen Stein hinabfällt.

Die Stelle, auf der es schließlich aufschlägt, bleibt lange hinter Buchen, Eichen und einigen Birken den Blicken verborgen. Längst schon rauschen die stürzenden Wassermassen im Ohr, bevor der Weg schließlich an eine Reihe von Becken heranführt, die durch ihre Gewalt ausgewaschen wurden.

Seit jeher arbeiteten die Menschen in der Umgebung mit der Kraft der Gebirgsbäche. Zu Beginn des 17. Jahrhunderts stellten sie an dieser Stelle zunächst Holzkohle her, später fand sich am Lauf des Schossrinnbachs eine Nagelschmiede. Allerdings muss das Geschäft nur mäßig gut

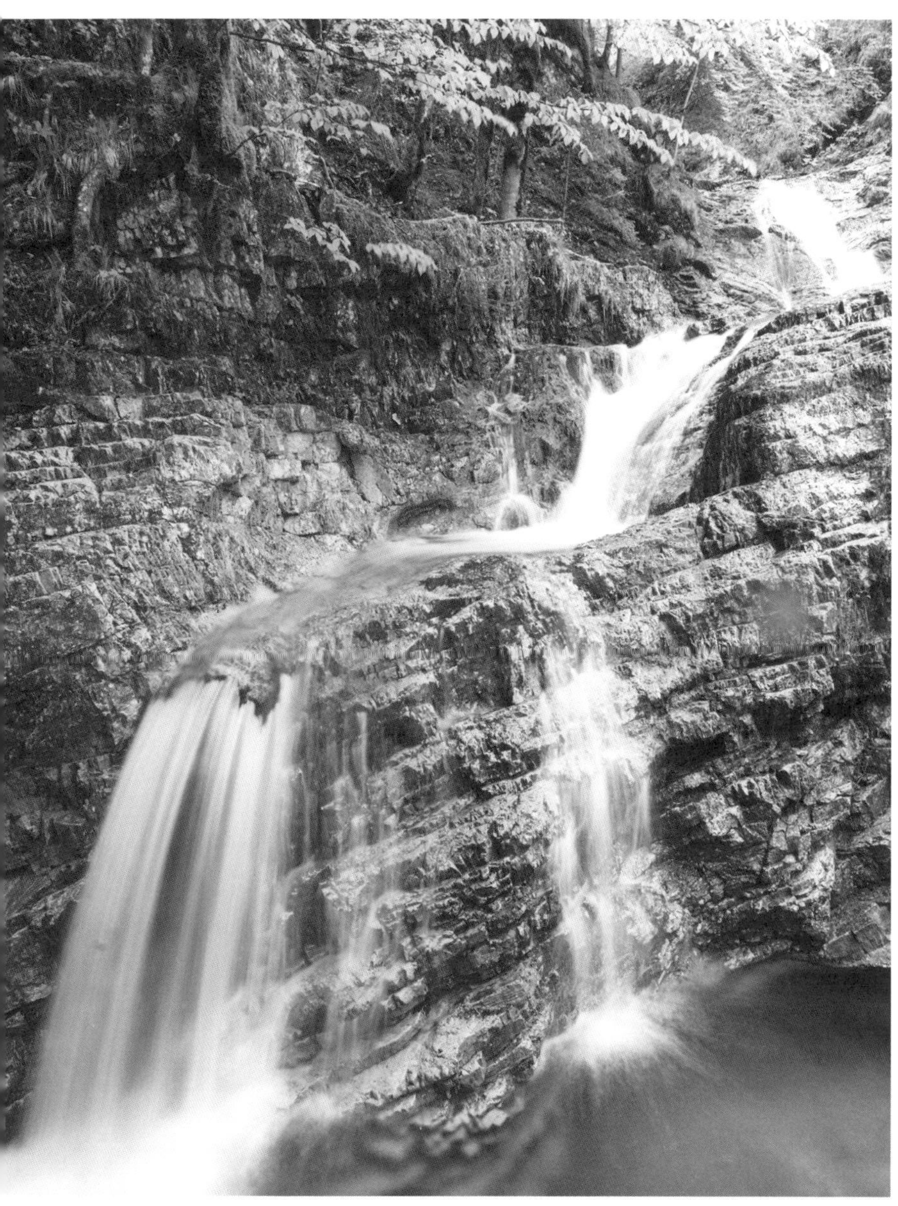

gelaufen sein, denn bereits nach einhundert Jahren waren das Anwesen und dessen Bewohnerinnen und Bewohner derart verschuldet, dass die Herren auf der Burg Hohenaschau die Gebäude und landwirtschaftlichen Flächen kurzerhand einbehielten. Fortan wurden sie in Pacht vergeben – auch das meist nur mit bescheidenen Erfolgen. Unmittelbar nach dem Zweiten Weltkrieg dienten die Gebäude ein paar Jahrzehnte lang als einfache Gastwirtschaft mit Zimmern für Sommerfrischler sowie Kaffee und Kuchen für alle Wandersleute, die damals schon von Aschau hier herausspaziert kamen und am Wasserfall auf Erfrischung und Stärkung hofften.

Selbst in der größten Sommerhitze ist es am Wasserfall meist angenehm kühl. Feinste Tropfen jenes frischen Nasses aus dem Gebirge liegen rund um die Becken wie ein leichter feuchter Schleier in der Luft. Eine Erfrischung für heiße Tage und im Winter eine Gefahr, verwandelt die Feuchtigkeit so manchen Wegabschnitt doch in eine tückische Rutschbahn.

Das laute, stete Rauschen des aufschlagenden Wassers hüllt den Ort in einen für Lärm von der Straße, von Traktoren oder Maschinen der Waldarbeiter undurchdringlichen Schleier. An heißen Sommertagen spürt man die belebende Kraft des Ortes und seine frische Kühle unmittelbar. Da dem Gehör mit dem weißen Rauschen des Wasserfalls die Grundlage entzogen wird, bleibt der Wanderer an diesem Ort eigentümlich allein auf sich zurückgeworfen.

Der Ort taucht in jüngster Zeit als sogenannter Frauenkraftplatz auf, bei Fremdenverkehrsämtern und Tourismusverbänden genauso wie bei einschlägigen Wanderführerinnen. Sein Name „Schossrinn" lädt zu entsprechenden Spekulationen ein: etwas verborgen, feucht. Manche erkennen im Dreieck der Rinne hoch oben und im Buschwerk an dessen Kanten ein Sinnbild für den weiblichen Schoß. Entsprechend werden Hebammengruppen zur Selbsterfahrung an den Wasserfall geführt und dem Ort allerhand heilende Kräfte insbesondere für Frauenleiden zugeschrieben.

„Schoß“ und „Rinn“, der Name des Ortes tut dazu sein Übriges, auch wenn die Herleitung des Ortsnamens weit weniger klar ist, als es auf den ersten Blick scheinen mag. „Umgekehrt wie bei dem Ausdruck ‚Zunge‘, scheint vielmehr die Beziehung auf den thierischen Körper erst das Zweite zu sein bei dem Worte ‚Schoss‘“, schreibt der deutsche Sprachforscher Ernst Wilhelm Förstemann 1863 in einem der ersten Standardwerke zu deutschen Ortsnamen.

Förstemann und andere nach ihm leiten das „-schoss“ in Ortsnamen wie Mayschoß, Prischoß oder Vettelschoß vom altgermanischen Wort „Scedt“ oder „Sciotz“ ab. Das trägt im Germanischen die Bedeutung von Winkel, manchmal auch Teil oder Ausschnitt. Im Hessischen oder Rheinhessischen begegnet einem der Namensanhang „Schoss“ bisweilen als veritabler „Scheiß“ in Ortsbezeichnungen wie in der Weinlage „Geierscheiss“. Bei Sigmaringen steht das Örtchen Mottschiess. Meist ist damit ein Eck oder ein Winkel gemeint, der etwas abseits von der übrigen Landschaft liegt. Mit dem Eck könnte auch ein Giebel eines Daches gemeint sein, so wie ja der Wasserfall hoch oben im Fels über die Jahrtausende jenes buschumrankte Dreieck gewaschen hat.

Auch für den Fluss Prien ist die Herkunft des Namens unklar. In den Schulen lernen die Kinder, der Name stamme von „Brigenna“, eine Art keltisch-etruskisches Wortgebilde. Das soll so viel bedeuten wie „die aus den Bergen Kommende“ – keltisch „Brig“ bedeutet Berg, das etruskische „enna“ so viel wie kommend. Selbst bei Wikipedia findet sich ein derartiger Eintrag. Vermutlich jedoch leitet sich der Name schlicht vom keltischen Wort „brena“ ab, was sprudeln oder anschwellen bedeutet. Tatsächlich lassen die zahlreichen Sturzbäche und Wasserfälle wie der bei

Schossrinn, den Fluss bei Schneeschmelze oder nach einem sommerlichen Gewitterregen bedrohlich anschwellen. So sehr, dass regelmäßig der Chiemsee über seine Ufer tritt.

Nicht zuletzt passt das breiig breite „Brena“ viel besser zu der Art und Weise, wie alteingesessene Prienerinnen und Priener ihren Ort selbst aussprechen. Es wäre nur schwer zu erklären, wie aus dem zweisilbigen „Brigenna“ im heute noch schwerfällig bräsigen Chiemgauer Dialekt das gebräuchliche „Brea“ für „Prien“ hätte werden sollen. Ganz abgesehen davon, dass „Die aus den Bergen Kommende“ für einen Fluss am unmittelbaren Alpenrand selbst für einen Keltenstamm ein recht verwechslungsträchtiger Name gewesen sein dürfte. Kommen hier doch alle Flüsse in der Nachbarschaft unmittelbar aus den Bergen.

Der Wasserfall liegt etwas außerhalb der Ortschaft Hohenaschau. Am besten erreicht man ihn nach einer etwa einstündigen Wanderung entlang der Prien. Der Weg ist gut erschlossen und bietet abwechslungsreiche Ausblicke auf die umliegende Gebirgswelt, das Flusstal und die Burg Hohenaschau.

Anfahrt: über die A8 - Ausfahrt Frasdorf. Weiter in Richtung Aschau und Hohenaschau. Unterhalb der Burg lässt sich auf dem Festplatzgelände gut parken. Von dort beginnt die Wanderung unterhalb der Burg in südwestlicher Richtung flussaufwärts. Der Pfad zum Wasserfall ist nach gut vier Kilometern ausgeschildert.
Wer mit der Bahn anreist, muss vom Bahnhof Aschau erst die Prien aufwärts in Richtung Hohenaschau wandern. Durch die Ortschaft dauert das etwa 45 Minuten.

Zur Stärkung: Das Café König in Aschau bietet seit über siebzig Jahren legendäre Torten und Kuchen aus der eigenen Konditorei. Es liegt auf dem Rückweg von Hohenaschau unübersehbar gleich rechterhand am Ortseingang von Aschau.
Konditorei Café König
Kampenwandstraße 43, 83229 Aschau im Chiemgau
Tel.: 0049-8052-1442
info@cafe-koenig-konditorei.de
www.cafe-koenig-konditorei.de

Priental Museum in der Burg Hohenaschau
Das Museum hat neben der Geschichte der Burgherren eine ganze Abteilung dem Eisenabbau und seiner Verarbeitung im Priental gewidmet. Sehenswert vor allem für Kinder sind auch die Freiluftvorführungen in der Falknerei des Schlosses.
Das Museum ist nur von Mai bis Oktober im Zusammenhang mit einer Führung zugänglich.
Schloßbergstraße 1, 83229 Aschau im Chiemgau
Tel.: 0049-8052-90490; info@aschau.de
www.aschau.de/de/schloss-hohenaschau

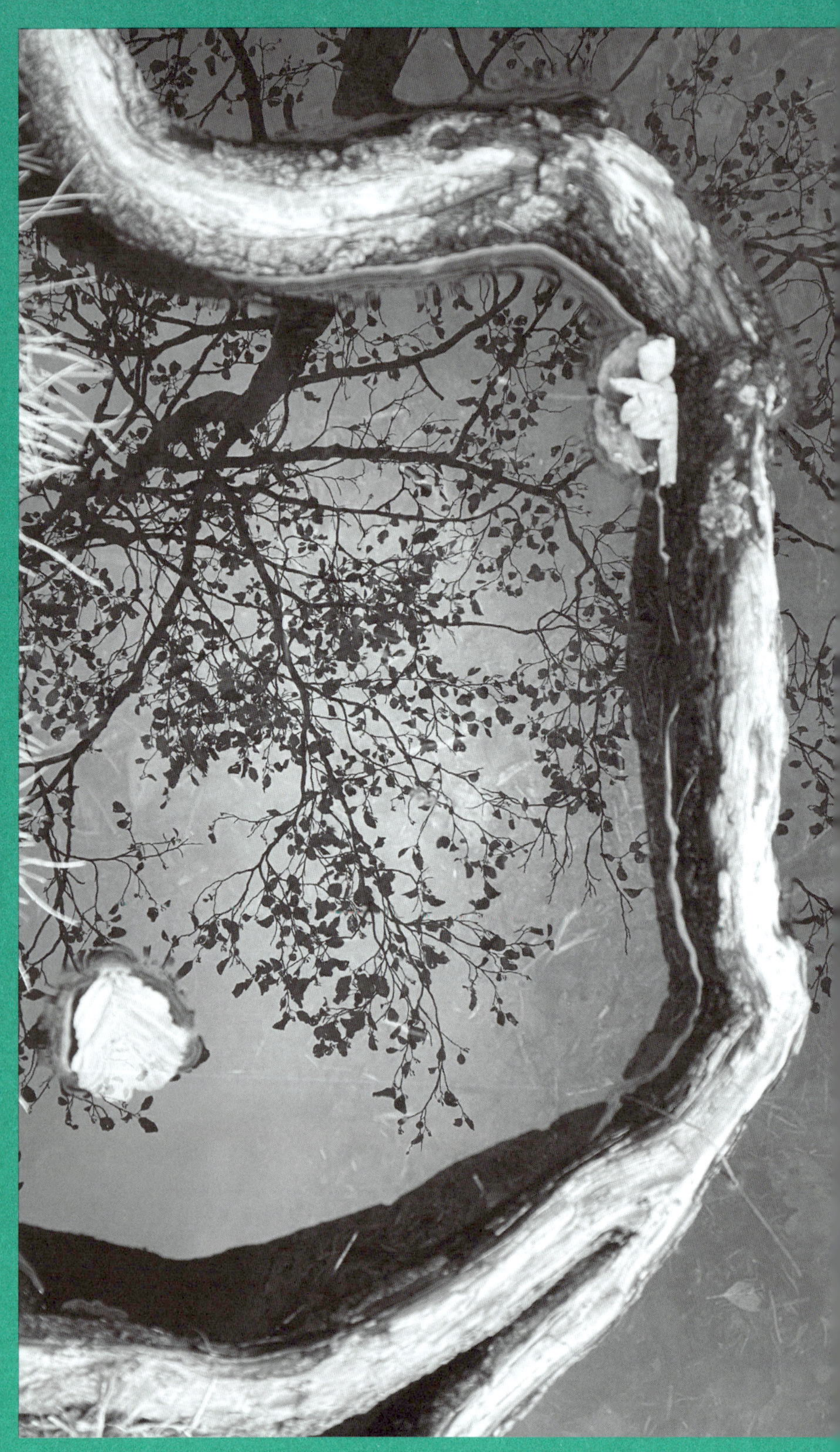

Weißbachquelle × Inzell

Die Kraft des Wassers

Dramatischer wird kaum jemand den eigentlichen Alpenraum betreten können. Unmittelbar über dem Wintersportörtchen Inzell wachen mit Falkenstein und Kreuzspitze zwei dramatische Bergrücken vor dem Eingang des schmalen Weißbachtals. Das kleine Tal steigt unmittelbar nach einer Eissporthalle ab in die Saalachebene rund um Bad Reichenhall. Von Osten her richtet sich bereits massiv der erste Alpenkamm auf: in einer Reihe folgen Hochstaufen, Zwiesel, Gamsknogel. Westlich des Taleinschnitts ragen Zenokopf, Rauschberg und Streicher auf.

Der dichte Nadelwald an den nördlichen Flanken der Bergrücken legt ein tiefes Grün als Grund hinter die Landschaft, die von hier entspannt mit einer Reihe von Endmoränenhügeln in Richtung Traunstein und Chiemsee nördlich rollt.

Die räumlichen Bezüge der Landschaft richten sich entsprechend auf den großen See aus, obwohl sich natürlich im näheren Osten bereits die Täler von Saalach und Salzach öffnen und damit auch einen engen – historisch durchaus wichtigen – Bezug nach Salzburg herstellen. Unter der Erde vor dem Falkenstein, in unmittelbarer Nähe zweier etwa zwanzig Meter hoher baumbestandener Erdrücken, ist beim Landratsamt Traunstein eine alte Burganlage als Bodendenkmal eingetragen. Und selbst wenn hier ein kleines Bächlein zweimal beinahe rechtwinklig seine Fließrichtung ändert und sein Bachbett damit so etwas wie ein Quadrat, einem Burggraben ähnlich, in den Wiesen festschreibt, so haben Grabungen an dieser Stelle

nie stattgefunden und auch die literarische Quellenlage zu einer mittelalterlichen Burg an dieser Stelle ist mehr als dürftig.
Folgen Besucherinnen und Besucher dem kleinen Bach allerdings in Richtung seiner Quelle, treten sie in einen kleinen Talabschnitt ein, der vom Falkenstein im Norden und den westlichen Ausläufern des Gamsknogel abgeschirmt wird und entlang des Falkensee- und Weißbachs zurück bis an die Passstraße hinab nach Schneizelreuth und Bad Reichenhall führt.

Der Falkensee in der Mitte des Tals ist ein beliebtes Ausflugsziel selbst für eher Fußlahme. Ohne groß Höhenmeter auf- oder absteigen zu müssen, lässt sich hier in weniger als zwei Stunden eine schöne Runde drehen. Vorbei an Paulöd mit den schon beschriebenen Erdhügeln entlang des Falkenseebachs und dem Krottensee. Der moorige Tümpel versteckt sich allerdings etwas im dichten Buchen- und Fichtenwald unmittelbar am östlichen Eingang jenes kleinen Tals. Ein wahres Naturparadies voller Blutegel, Kreuzottern und heute leider selten gewordener Insekten. Gespeist wird der See von unterirdischen Quellen.
Der weitere Weg folgt von hier dem Falkenseebach inmitten einer hinreißenden Alpenszenerie mit steil aufschießenden Wänden, darin schroffe Kalksteinnasen, die aus den Fichtengruppen herausragen. Der Falkensee als der Schwer- und Mittelpunkt des Tals füllt als glasklarer Gebirgssee den Grund des Geländes. Hell und grünlich schimmern seine Wasser. Sie erlauben an jeder Stelle des Ufers einen klaren Blick auf den Grund, auf Kalkgestein, hineingesunkene Baumstämme und Pflanzenreste.
Die Gemeinde Inzell hat aus Stegen und Bohlen einen bequemen Zugang durch den Schilfgürtel zum See eingerichtet, der an geeigneten Wandertagen schnell überlaufen sein kann.

Der Auslauf des Sees fließt wie beschrieben als Falkenseebach um den Falkenstein herum und dann in Richtung Norden ab. Er mündet unmittelbar bei Inzell in die Rote Traun. Nur wenige Schritte in Richtung des westlichen Taleingangs an der Passstraße nach Bad Reichenhall jedoch und die Fließrichtung des Wassers kehrt sich um. Der Weißbach, der im Tal seine Quelle hat, fließt bereits nach Süden hin ab, also in Richtung Schneizelreuth und Bad Reichenhall.
Das Tal mit Falkensee, Burgstall und auch der Quelle des Weißbachs wird in der esoterischen Szene gerne als Gesamtkomplex betrachtet – mit einer Reihe verschiedenster Kraftorte, die über eine sogenannte Ley-Linie verbunden sein sollen: eine Linie voll kosmischer, sphärischer Energie, die sich von Karlsruhe über München bis nach Berchtesgaden erstrecken soll.
Ganz falsch ist das nicht, auch wenn historisch der Fluchtpunkt dieser Linie bei Karlsruhe etwas irritieren mag. Tatsächlich spielen Wege und Richtungen, vor allem die Fließrichtung des Weißbachs wirtschaftsgeschichtlich an diesem Ort eine zentrale Rolle. Mit ihnen ließ sich ein drängendes Problem der seit dem frühen Mittelalter bestehenden und florierenden Salzindustrie in Bad Reichenhall lösen. Spätestens seit dem Jahr 696 wurde aus den Gebirgsstöcken rund um die Stadt Salz ausgewaschen. Die so gewonnene Sole wurde in die Stadt in riesige Pfannen geleitet, um ihr über offenem Feuer das Wasser zu entziehen und so das weiße Gold gewinnen zu können. Ungeheure Mengen an Brennholz waren nötig, die über die Gebirgsbäche wie die Saalach, aber auch den Weißbach zur Saline gedriftet – also geschwemmt – wurden. Zum Ausgang des Mittelalters waren die Lagerplätze für dieses Holz bereits derart groß, dass ihre Fläche ungefähr der Größe des Reichenhaller Stadtgebiets entsprach. Die Beschaffung derartiger Mengen an Brennholz wurde über die Jahrhunderte immer mehr zum Problem. Mit dem

Beginn der Neuzeit waren die Wälder ringsum Reichenhall nicht mehr in der Lage, den Brennstoffbedarf der Reichenhaller Saline zu decken. 1661 findet sich in einem Ratskanzlerschreiben der Stadt Reichenhall erstmals der Gedanke einer nachhaltigen Forstwirtschaft: „Gott hat die Wäldt für den Salzquell erschaffen, auf daß sie ewig wie er continuieren mögen / also solle der Mensch es halten: Ehe der alte ausgehet, der junge bereits wieder zum verhackhen hergewaxen ist", steht da geschrieben. Es ist weltweit die erste Fassung eines modernen Nachhaltigkeitsbegriffes. Doch eine wirkliche Lösung für das Brennstoffproblem der Reichenhaller Saline lag darin freilich nicht, zumal sich zu Beginn des 17. Jahrhunderts in den Bergen rund um die Stadt weitere Salzstöcke auftaten, die mit den bisherigen Kapazitäten unmöglich auszubeuten waren. Entsprechend fassten die Stadtoberen gemeinsam mit dem herrschenden Bayernherzog Maximilian I. den Plan, das Reichenhaller Wasser über Soleleitungen bis nach Traunstein zu pumpen. Solche hölzernen Salzwasserleitungen waren zu diesem Zeitpunkt bereits über Jahrhunderte bekannt und in Reichenhall genauso wie in Berchtesgaden oder Hall in Tirol in Betrieb. Doch noch nie hatten Ingenieure geplant, mit diesen Leitungen einen nennenswerten Höhenunterschied zu überwinden. Wollten sie die Passstraße entlang des Weißbachs nach Inzell und von dort weiter nach Traunstein – später mit einem Abzweig auch weiter nach Rosenheim – nutzen, so musste zwischen Schneizlreuth und Inzell ein Gefälle von gut 200 Metern überwunden werden.

Die sieben Pumpwerke, die unter Hofbaumeister Simon Reiffenstuel ab 1617 entlang der Strecke entstanden, waren eine weltweit beispiellose technische Pionierleistung. Mithilfe von Bächen wie dem Weißbach wurden Mühlräder angetrieben, die ihre Kraft an Pumpenkolben weitergaben und so das salzhaltige Wasser über jene 238 Meter Höhenunterschied am Weißbachpass vor Inzell hievten.

Die Quelle jenes Weißbachs liegt malerisch inmitten von Mischwald am Hang des Falkenseetals. Der verhältnismäßig steile Hang durchtrennt an dieser Stelle zwei Gesteinsschichten, zwischen denen sich Grundwasser sammelt. Eine kleine Kalksteinhöhle hinter der Quelle gibt als niedrigster Punkt dieser Formation die Wasser wie über einen Siphon frei. Aus dem Quelltopf drängt es unablässig hervor und fließt sogleich in Kaskaden über allerlei moosgrüne Findlinge und Felsblöcke ab.

Wie so oft, wenn Wasser aus Löchern und Spalten dringt, werden derartige Plätze gerne als sogenannte Frauenkraftplätze geführt. Und tatsächlich finden sich in unmittelbarer Umgebung um Inzell zahlreiche Sagengeschichten von drei mythischen Frauen, die hier in der Karstlandschaft zwischen den Felsnadeln hausen sollen. Bisweilen hängen sie ihre Wäsche zwischen den Felsen zum Trocknen auf. Bisweilen werden sie von weißen oder schwarzen Hunden begleitet, bisweilen tauchen sie auch

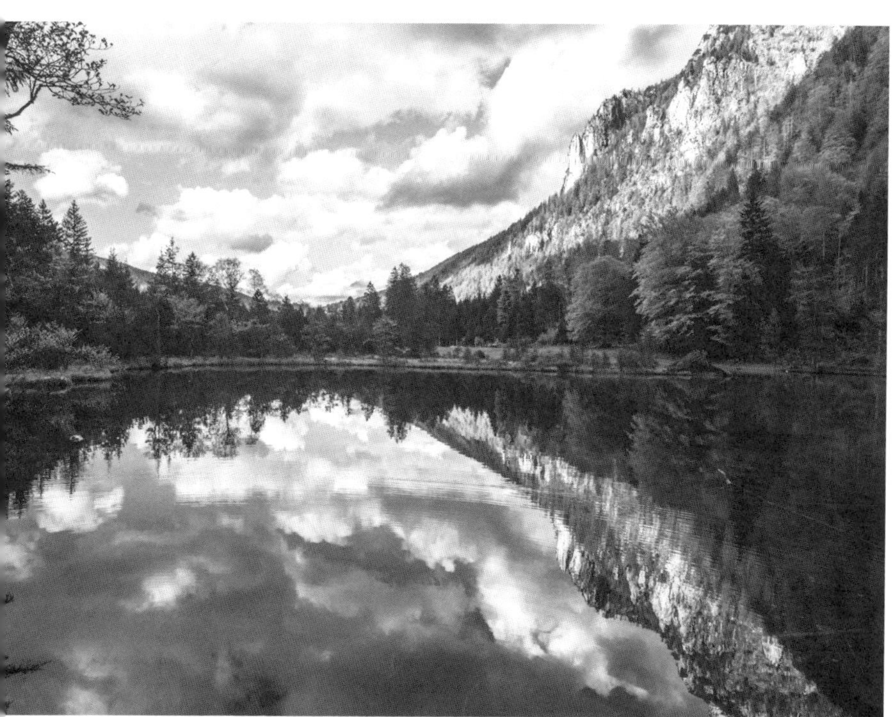

vor den Wiegen Neugeborener im Tal auf und weisen die Zukunft der Kinder. Geschichten von drei Frauen mit Wäsche, Schimmeln oder unheimlichen schwarzen Hunden finden sich im gesamten oberbayerischen Alpenraum – etwa bei Flintsbach. Auch dort wacht ein prominenter Felsen über dem Ausgang des Tals. Genauso werden diese Geschichten in Südtirol erzählt – eine Landschaft, die über den Brennerpass eng mit dem Inntal und dem Chiemgauer Raum verbunden ist.

Die esoterische Szene – und gelegentlich auch katholische Theologinnen – haben sich heute dieser Geschichten bemächtigt. Sie führen sie, bis heute allerdings ohne schlüssige sprachwissenschaftliche oder auch historische Belege, auf eine meist keltisch verortete, ursprüngliche Religiosität zurück. Ziel dieser Übung ist in der Regel, der dominanten Rolle des Mannes innerhalb des jüdisch-christlichen Weltbildes eine ursprünglichere und vor allem weiblich dominierte Religiosität entgegenzusetzen.

Für den Besuch der Quelle bleiben derartige Überlegungen jedoch nur Hintergrund. Mit ihrer lebendigen Frische und Kraft sind hier die dramatische Landschaft, das Rauschen des Wassers und das grüne Licht des Bergwaldes die Hauptdarsteller. Der Mensch, der sich auf dieser Bühne bewegt, kann all diese Wunder der Gegend wohl nutzen: Sei es mit Trift oder Pumpwerk, oder als Quell für innere Kräfte und sphärisches Wachstum. Seine Rolle dabei wird ihm durch die Szene zugeschrieben – und selten in Tausenden von Jahren menschlicher Geschichte dürfte diese an dieser Stelle mehr gewesen sein als eine Nebenrolle.

INFO

Anfahrt: Die A8 von München nach Salzburg bei Siegsdorf verlassen und der Alpenstraße bis nach Inzell folgen. Den Ort selbst weiter in Richtung Schneizlreuth durchfahren, an der Max-Aicher-Arena linkerhand vorbei bis auf der rechten Straßenseite ein Parkplatz auftaucht. Von dort lässt sich gut die Runde um den Falkenstein starten. Die Runde lässt sich auch am Busbahnhof Inzell beginnen. Dorthin fahren von Traunstein regelmäßig Busse. Die große Runde über Burgstall, Falkensee und Weißbachquelle dauert etwa drei Stunden. Es geht dabei meist recht gemütlich auf gut ausgebauten Wanderwegen eben dahin. Lediglich der Abstecher zur Quelle verlangt ein wenig Trittsicherheit.

Zur Stärkung: Solange es das Wetter zulässt, steht nicht weit vom Rundweg um den Falkensee entfernt beim Weiler Scharmann ein kleiner Foodtruck. Am „Fuadawogn" - bayerisch für „Foodtruck" - gibt es neben Pulled Pork im Vinschgerl auch Kaffee und unschlagbar gute hausgemachte Kuchen.
www.facebook.com/fuadawogn

Sehenswert: Die Inzeller Max-Aicher-Arena ist das Mekka für den deutschen Eisschnelllauf. Regelmäßig finden hier internationale Wettkämpfe statt. Jeden Donnerstag ab 10 Uhr werden Führungen durch das Gebäude angeboten - immerhin ist die Arena eine der modernsten Eislaufhallen weltweit. Bisweilen läuft während der Führung die deutsche Eislauf-Elite ihre Trainingsrunden auf der Bahn. Nur nach Anmeldung.
Max-Aicher-Arena
Reichenhaller Straße 79, 83334 Inzell
Tel.: 0049-8665-988111
info@max-aicher-arena.de; www.max-aicher-arena.de

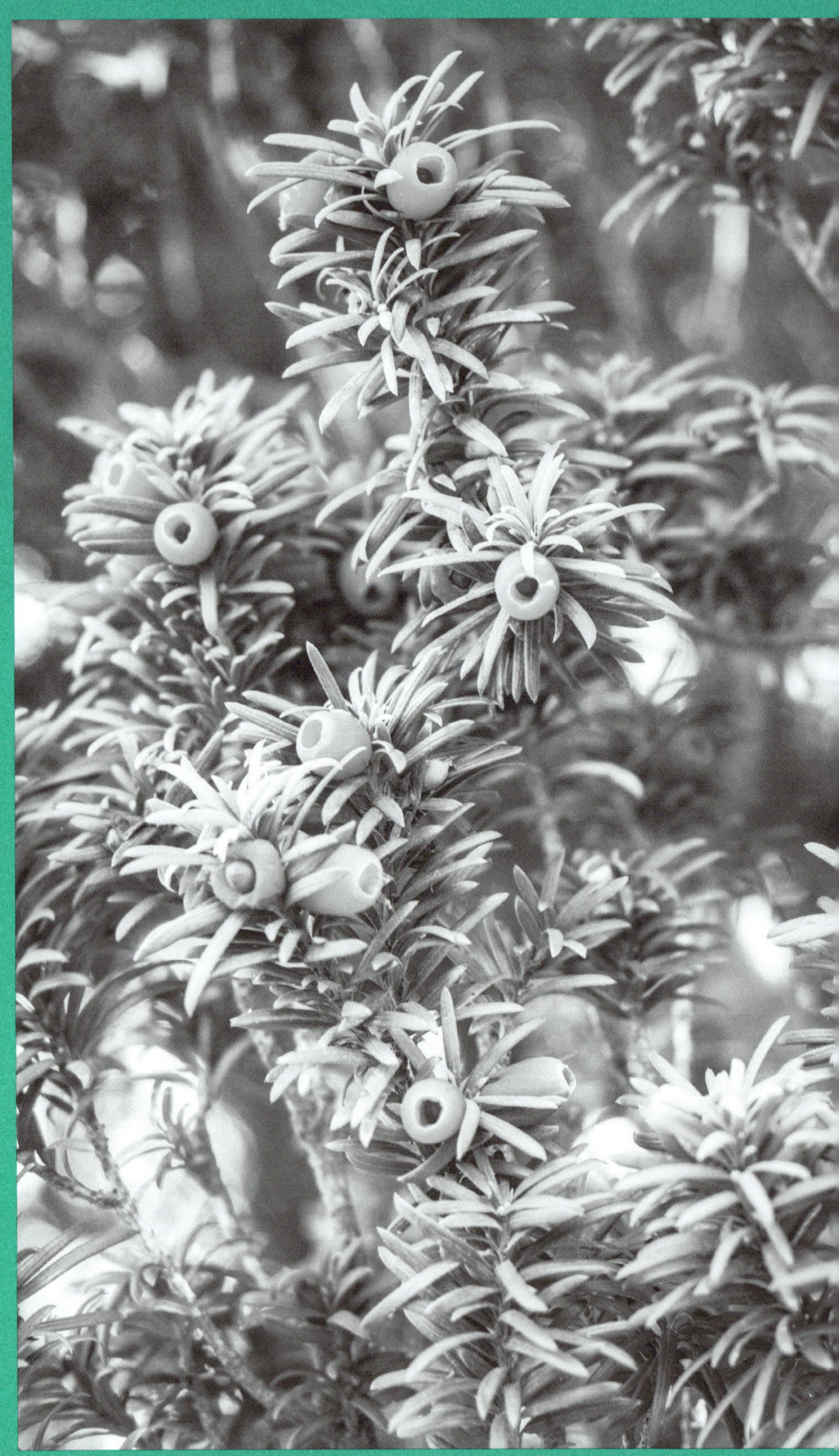

Eibenwald × Paterzell

Stahl des Mittelalters

Harry Potter, ausgerechnet! Mitsamt der Phönixfeder im Kern lässt Joanne K. Rowling dessen Widersacher mit einem Eibenstäbchen herumfuchteln. Die Schriftstellerin begibt sich damit in gute Gesellschaft, denn die Eibe wird seit Tausenden von Jahren von großen und kleinen Geschichten umrankt. Julius Caesar erzählt, dass seine germanischen Gegner sich bisweilen mit Eibennadeln vergifteten, um nicht dem römischen Heer in die Hände zu fallen. Für die Kelten kennzeichneten die Bäume den Übergang vom Reich der Lebenden in das Reich der Toten. Und es gibt ernstzunehmende Hinweise, dass Yggdrassil, der Weltenbaum in der germanischen Mythologie, in Wahrheit keine Esche, sondern eine Eibe war. Die Südtiroler Gletschermumie Ötzi trug einen Eibenbogen bei sich. Den ältesten Speer fand man bisher bei einem Skelett eines Neandertalers – auch diese Waffe war aus Eibenholz.

Bei all dem mythischen Ballast hat der Weg durch den Paterzeller Eibenwald tatsächlich etwas Leichtes, Helles. Die zarten Zweige, die sich aus den spielerisch gewundenen Stämmen emporrecken, der federnde Waldboden. Ein kleines Bächlein sucht sich unstet, lebendig zwischen Bäumen und modernden Stämmen seinen Weg durch das Gelände. Immer wieder gellen Kinderstimmen aus dem Wald, Gelächter – ab und an einige Wortfetzen der Eltern, die den meist kaum interessierten Kleinen von Hexen, Feen und Geheimnissen erzählen wollen.

Dagegen nehmen sich die Schautafeln am Wegrand mühsam nüchtern aus. 1913 wurde das damals 22 Hektar große Gelände zwischen Wessobrunn und Peißenberg bereits unter Naturschutz gestellt und bis 1983 immer wieder bis auf das Vierfache seiner damaligen Größe erweitert. An der Schwelle vom 19. zum 20. Jahrhundert hatten sich aus der Romantik noch einige Vorstellungen von der Eibe als Totenbaum erhalten. Seit gut einem halben Jahrhundert hatte man damals bereits systematisch begonnen, Eibenbestände nicht nur in Paterzell, sondern in ganz Deutschland zu erfassen. Nur selten allerdings um der Romantik willen. Die Eibe ist in vielerlei Hinsicht ein besonderer Baum. Anders als andere immergrüne Nadelbäume bildet die Eibe keine Zapfen aus, sondern schmückt ihre Äste im Herbst mit leuchtend roten Beeren. Die sind im Gegensatz zum Rest des Baumes, insbesondere der Rinde, den Zweigen und den Kernen in den Beeren völlig ungiftig. Sie schmecken zwar etwas schleimig, sind dafür jedoch leidlich süß. Vor allem aber ist das äußerst langsam wachsende Holz enorm stabil und gilt als der Stahl der Forstwirtschaft.

Seit den 90er-Jahren hat der Baum neben Stechapfel, Engelstrompete und Tollkirsche eine zweifelhafte Karriere innerhalb der Naturdrogenszene gemacht. Zumindest listen die Handbücher der Notfallmedizin inzwischen die Vergiftungserscheinungen der Eibe auf: Erbrechen, Herzrhythmusstörungen, Atembeschwerden, Halluzinationen. Der Baum liefert mit seinen verschiedenen Taxinvarianten tatsächlich ein recht potentes Gift, das immer wieder durch die Krebsforschung als Heil- und Vorsorgemittel ins Spiel gebracht wird. Manche alten Bücher über Hausmittel raten zu einem stark verdünnten Sud aus Eibennadeln bei Blasenleiden, Husten oder Wurmbefall – selbst wenn das Problem der richtigen Dosierung derartige Selbstheilungsversuche leicht zu einer Art russischem Roulette machen könnte. Bereits eine Handvoll Nadeln können bei einem Kind etwa zu Atemstillstand führen. Selbst Pferde überleben ein Mahl aus einigen Zweigen in der Regel nicht.

In Zeiten, als man sich bei seinen alltäglichen Wegen noch häufig für ein Pferd als Reit- oder Zugtier entschied, war ein Weg entlang eines Eibengehölzes eine nicht zu unterschätzende Gefahr für die eigenen Reisepläne. Das war wohl einer der Gründe, warum der Baum immer wieder auch systematisch gerodet wurde. Für das allmähliche Verschwinden der Eiben aus den deutschen Wäldern seit dem Hochmittelalter gab es jedoch andere, weit gewichtigere Gründe.

Wie bereits erwähnt, ist das Holz der Eibe enorm hart und langlebig, bei aller Härte jedoch sehr flexibel. Das machte den Baum zu einem der wichtigsten Rohstofflieferanten für die mittelalterliche Waffenproduktion. Seit dem 13. Jahrhundert versuchten immer wieder Forst- und Waldordnungen den Einschlag und die Produktion des Eibenholzes zu regeln. Aus ihm wurden nicht zuletzt die Langbogen geschnitzt, die den Heeren der englischen Krone einen wichtigen taktischen Vorteil verschafften.

Bereits 1551 stieg Bayern unter Herzog Albrecht V. in den Holzhandel ein. Mit Nürnberger Holzhändlern wurde eine Art Monopolvertrag ausgehandelt. 30 Jahre übertrug der Staat danach den Nürnbergern das Recht, bayerische Eiben zu fällen, das Holz auf das für die Bogen benötigte Maß zurechtzuschneiden und ins Ausland zu verkaufen. Außerdem sicherte Bayern den fränkischen Holzhändlern zu, ein Fällen von Eiben außerhalb des Vertrages künftig polizeilich zu ahnden. Damit hatten die Händler ein lukratives Monopol in der Hand, mit dem sie auf den niederländischen Märkten für das hochbegehrte Eibenholz die Preise diktieren konnten. Der bayerische Hof freute sich über die Pachteinnahmen aus dem Vertrag und darüber, dass man sich eine forstwirtschaftliche Sorge elegant vom Hals geschafft hatte. Eine andere Sorge sollte freilich weiter bestehen bleiben: Die Saline in Bad Reichenhall benötigte enorme Mengen an Feuerholz.

Eine Sorge, die Bayern schon bald in Richtung einer nachhaltigen Forstwirtschaft drängen sollte. 1568 musste Herzog Albrecht bereits erkennen, dass die bayerischen Eibenbestände für eine weitere kommerzielle Nutzung nicht mehr ausreichten.
Dennoch blieb das Eibenholz weiterhin begehrt. Die ärmliche Landbevölkerung schnitt die Bäume um, um sich mit dem Verkauf von Blöcken des harten Holzes etwa an Herrgottsschnitzer ein wenig dazuzuverdienen. Noch im frühen 20. Jahrhundert fuhren in der Vorweihnachtszeit Händler aus München in den Paterzeller Eibenwald und schnitten dort wagenweise die Reise von den Bäumen. In der Stadt wurden daraus dann Kränze und andere Weihnachtsdekorationen geflochten. Mit der Naturschutzverordnung vom 18. März 1936 dürfen zwar Eibenholz und -reise nicht mehr gewerbsmäßig gehandelt werden, dennoch steht die Art noch heute auf der Roten Liste der bedrohten Bäume.

Der Wald in Paterzell hat sich heute von den Strapazen durchaus erholt. Der Eibe macht die wachsende Luftverschmutzung weniger aus als anderen Bäumen wie zum Beispiel der Esche. Die Gletscher, die die Landschaft zwischen Alpen und Ammersee formten, lagerten hier Schutt und Geröll, aus dem über die Jahrtausende kalkhaltiges Wasser sickerte. So stehen die Eiben in Paterzell auf einem Grund aus Kalktuff mit einer nur dünnen Bodenschicht darüber. Für die Eiben dort eine ideale Voraussetzung. Zu schaffen machen den Bäumen lediglich Rehe und anderes Wild, das – im Gegensatz zu Pferden – die jungen Eibentriebe durchaus verzehren kann. Die jahrhundertealten gewundenen Stämme sind eindrucksvoll, der älteste Baum hier wächst, seit Christoph Kolumbus Amerika entdeckte. Das Schicksal des Paterzeller Waldes entscheidet sich aber mit den zarten jungen Trieben, die dem Ort heute seine Leichtigkeit geben. Erst wenn es gelingt, diese über die Zeit zu retten, gibt es auch für die Eibe wieder eine Zukunft jenseits ihrer Existenz als Zierstrauch auf unseren Friedhöfen oder als Filmrequisit für die Bösewichte im wild wuchernden Harry-Potter-Universum.

INFO

Anfahrt: Auf halber Strecke vom oberbayerischen Weilheim nach Wessobrunn zweigt kurz nach dem Zellsee eine kleine Straße nach links in Richtung Peißenberg nach Süden ab. Nach einer kurzen Fahrt im Wald stehen auf der linken Fahrbahnseite die Hinweisschilder für den Parkplatz am Eibenwald. Der etwa einstündige Rundweg durch den Wald beginnt gleich am Parkplatz.
Vom Bahnhof Weilheim aus den Bus nach Wessobrunn nehmen. Von dort ist es eine gut anderthalbstündige Wanderung bis zum Eibenwald. Für die Wanderung durch den Wald sollte man nochmals mindestens anderthalb Stunden einplanen. Die Wege sind gut ausgeschildert und bequem begehbar.

Bergobservatorium Hohenpeißenberg
Ganz in der Nähe des Paterzeller Eibenwalds befindet sich das weltweit älteste Bergobservatorium. Seit 1781 werden auf dem Hohenpeißenberg Wetterdaten gesammelt. Sehenswert ist der neue Wetterlehrpfad am Observatorium.
Meteorologisches Observatorium
Albin-Schwaiger-Weg 10, 82383 Hohenpeißenberg
Tel.: 0049-69-8062-9710
info.mohp@dwd.de; www.dwd.de

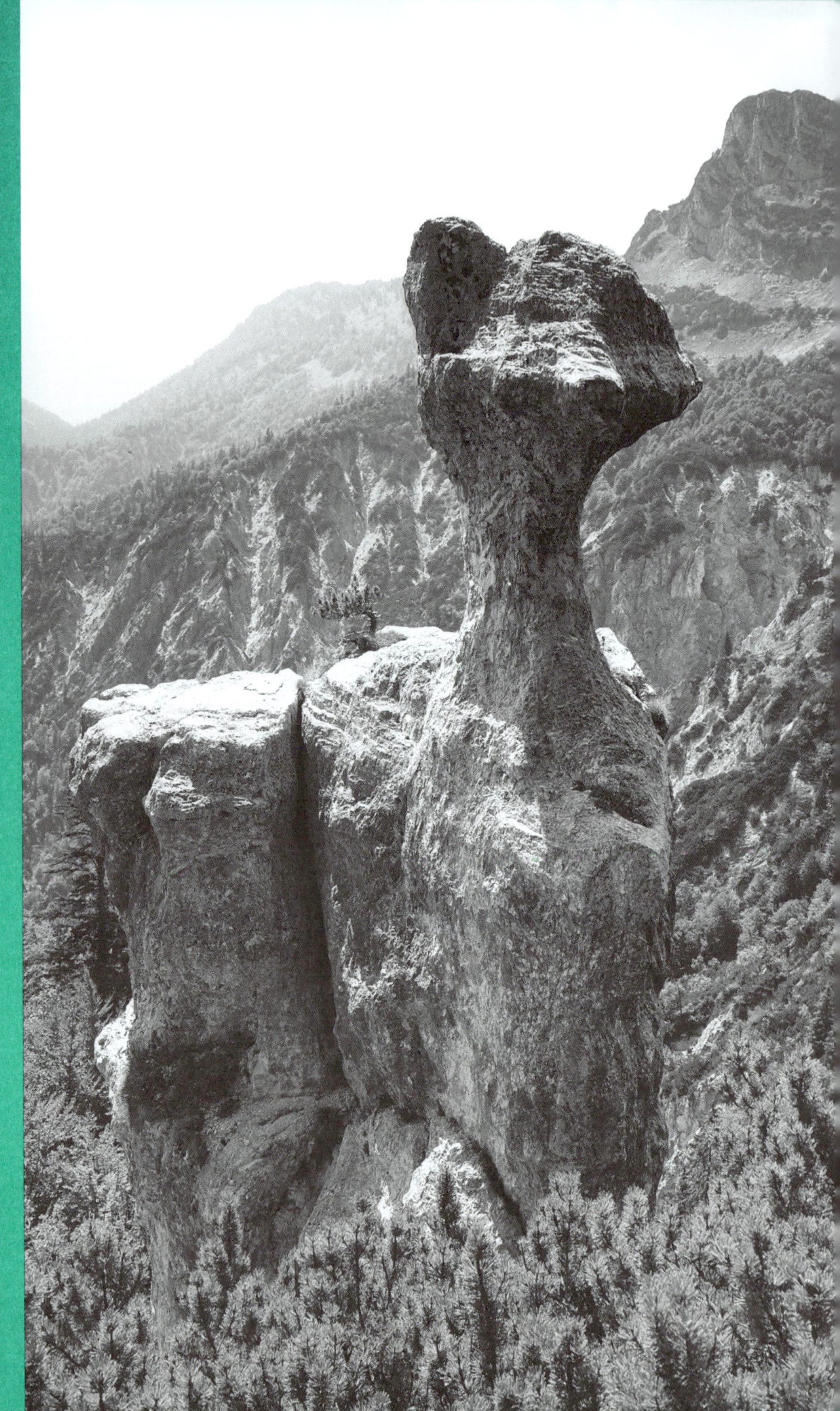

Teufelsloch × Bayerisch Gmain

Bayerische Sonnwendfeierlichkeiten

Es fehlt hier nichts: Nicht die Kelten, keine altertümlichen Sagen und keinesfalls das Gewirr aus Energiegittern und kosmischen Strahlungen. Als schwappten die Mythen und Sagen vom nahen Untersbergmassiv herüber, als bestimmten diese genauso die Deutung der schroffen Zacken des Lattengebirges. Die teils abenteuerlich verwitterten Felsnasen aus Dolomit und Kalkgestein schieben sich wie eine dramatische Fototapete hinter den sonst eher unscheinbaren Ort Bayerisch Gmain. „Schlafende Hexe" und „Montgelasnase", so lauten die volkstümlichen Namen der Gipfel vom Vorderen Rotofen bis zum Dreisesselberg. Richtung Westen schließt sich dem Zug der Predigtstuhl an, der über das Saalachtal und das Reichenhaller Becken wacht.

Etliche Bäche haben sich an der Nordflanke derart tief in das Gelände eingegraben, dass einige steile Grate wie Finger vor dem Felskamm in die Wiesenlandschaft vor Bayerisch Gmain ausgreifen. Ein lichter Mischwald wächst auf ihren Rücken, doch immer wieder blitzt selbst in ihrem unteren Bereich blanker Stein hervor. Auf diesen vorgelagerten Schanzen und Kuppeln bieten sich regelmäßig spektakuläre Ausblicke auf Reichenhall und das Saalachtal genauso wie auf die dramatischen Felsformationen der einzelnen Gipfel des Lattengebirges.

Anders als etwa in den Chiemgauer Alpen oder in den Berchtesgadener Bergen ist es hier – solange man dem Predigtstuhl fernbleibt – ruhig. Bewirtschaftete Almen gibt es kaum, ihr Unterhalt ist einem

landwirtschaftlichen Familienbetrieb heutzutage vermutlich nicht mehr zuzumuten. Zu kleinteilig sind die Almwiesen, zu steil das Gelände, das zudem dazu neigt, an Gräben und Felskanten gefährlich abzubrechen. Auf der südlichen Seite des steinernen Kamms stehen zwar reizvolle Wälder, meist aus Buchen und Fichten. Doch dort, wo diese sich öffnen, staut sich an schönen Tagen die Hitze und lässt nur eine sehr begrenzte Zahl an Gräsern, Büschen und Latschenkiefern aufkommen.
Immer wieder öffnet sich hier der Blick Richtung Watzmann-Massiv im Süden oder am Gipfel des Vorderen Rotofen vorbei zum Untersbergstock jenseits des Hallthurmer Passes zwischen Bischofswiesen und Bayerisch Gmain. Auf dieser Südseite liegt auch eine einzigartige Felsformation, die als „Steinerne Agnes" in den Wanderkarten zu finden ist. Aus dem Latschenkiefernfeld und dem Gesteinsschotter drängt sich wie ein Pilz eine etwa zehn Meter hohe Steinskulptur hervor. Mit etwas Fantasie findet sich der merkwürdig schwebende, massive Kopf auf dem darunter verjüngten Felssockel tatsächlich zu einer Frauengestalt zusammen, die dort unterhalb der Felszacken von Mott- und Keilkopf verharrt.

Es gibt eine ganze Reihe von Sagen rund um diese Gestalt. Allen gemein ist, dass sich eine junge Frau mit dem Teufel auseinanderzusetzen hatte und dass jeder dieser Geschichten ein Happy End fehlt. Die eine Version sieht in dem Mädchen eine gottesfürchtige, fromme Hirtin, die sich dort oben den meist sexuellen Avancen des Teufels ausgesetzt sah. Allerdings kann sie sich letztlich diesen Aufdringlichkeiten nur mithilfe des erflehten und herbeigebeteten himmlischen Beistands erwehren: Die Himmelsmächte machen aus der frommen Magd zu ihrem eigenen Schutz jenen grotesken Felskloben, nehmen allerdings zur Belohnung für die Keuschheit wenigstens ihre Seele mit in den Himmel.

In der anderen Version ist das Fräulein weniger sittenfest und lässt sich schwängern. In verschiedenen Variationen der Sage beglückt sie entweder der eigene Mann, der sie allerdings gleich darauf sitzen lässt, oder ein anonymer Hallodri und Jägersbursch, der von einer Heirat nichts wissen will. Das arme Ding, voller Furcht vor dem Gerede der Pfaffen und des frömmelnden Bauernvolks unten im Tal, lässt sich vom Teufel zu einer Abtreibung überreden. Das allerdings missfällt besagten himmlischen Mächten, die das frivole Treiben im Latschenkiefernfeld umgehend rächen. Auch hier endet die Sennerin als Steinskulptur.

Es heißt, wenn durch das sogenannte Teufelsloch – ein natürlicher Felsspalt im Gipfelkamm des Keilkopfes oberhalb der Steinernen Agnes – ein Sonnenstrahl auf die versteinerte Magd fällt, dann kann man diese jubeln hören. So endet die erste Version der Sage, die zweite verspricht der Magd für diesen Fall ihre Erlösung. Nachdem dafür jedoch die Sonne hinter dem Kamm im Norden untergehen müsste, ist an dieser Stelle wohl weder mit einer Erlösung noch mit allzu viel beglücktem Jubel einer erlösten Christenseele zu rechnen.

Auf der anderen Seite bei Bayerisch Gmain trifft der Sonnenstrahl durch das Teufelsloch tatsächlich einmal im Jahr auf einen kleinen Hügel nahe der Behinderteneinrichtung Hohenfried. Alljährlich versammelt sich dort zwischen dem 20. und 22. November um 13 Uhr herum ein buntes Völkchen, um das Schauspiel zu beobachten. Es heißt, die Sonne falle zu diesem Zeitpunkt auf ein keltisches Heiligtum, einige der Gäste sind sich sicher, dass es sich bei dem so mystisch beleuchteten Hügel um eine Grabanlage handeln muss.

Archäologische Belege existieren dafür nicht. Östlich des Reichenhaller Stadtgebiets gibt es durchaus einen größeren Bereich, in dem bereits bedeutende Funde mit Brandgräbern und Siedlungsspuren aus der Urnenfelderzeit sowie der späten Latènezeit zu Tage kamen. Auf dem Hügel im

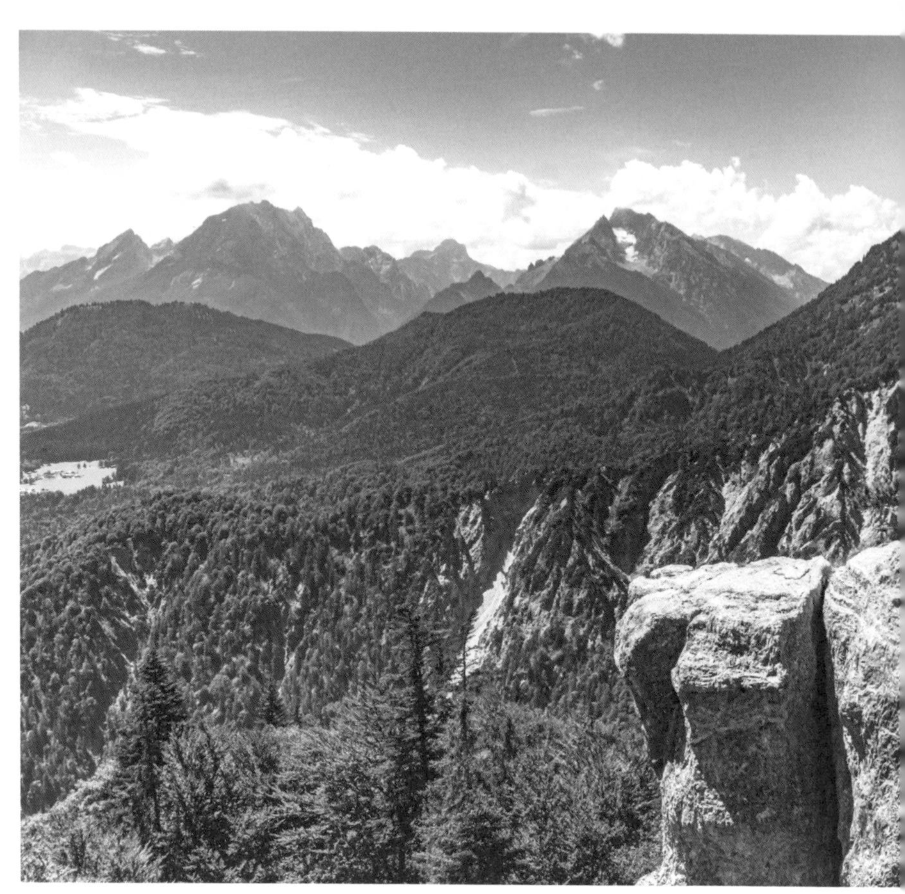

Osten von Bayerisch Gmain jedoch sind die einzigen Bodendenkmäler die Überreste einer mittelalterlichen Burganlage und die Befestigungsanlagen des Passes bei Hallthurm.

Die esoterische Szene hat die Gegend um den Untersberg dennoch fest in ihr Programm aufgenommen. Die keltischen Bezüge dienen ihr dabei als Grundlage für den Anspruch auf ein eigenes Naturverständnis, dessen lange Traditionslinien tiefer und weiter reichen als die Erkenntnisse moderner Naturwissenschaften und Medizin.

An drei Tagen im November und an drei Tagen im Januar lässt sich das Sonnenauge im Lattengebirge auf dem Hügel bei Hohenfried beobachten.

Drei Tage, eine magische Zahl voller Symbolkraft, für viele der Besucherinnen und Besucher weist sie auf eine Dreieinigkeit dreier keltischer Muttergöttinnen hin.
Tatsächlich finden sich zum Ausklang der Keltenzeit unmittelbar nach Christi Geburt entlang des Rheins, im Süden Frankreichs oder in Süditalien innerhalb der Grenzen des römischen Reichs eine Reihe von Weihesteinen, die drei weiblichen Gottheiten, den Matronen, geweiht wurden. Bisweilen nennen deren Weiheinschriften auch keltische Namen, deshalb geht die Wissenschaft heute davon aus, dass Kelten genauso wie Römer diese Muttergottheiten verehrten. Für den esoterischen Glaubenskanon wurde dieser Befund weitergesponnen: Die Kelten, so heißt es in entsprechenden Büchern, verehrten die weibliche Dreifaltigkeit einer Sonnen-, Mond- und Erdmutter. Selbst wenn für das bayerische Siedlungsgebiet der Kelten solche Weihesteine gänzlich unbekannt sind, wird unterhalb des Teufelslochs auf dem vermeintlichen Keltengrab über einen Weiheort für die keltischen Muttergottheiten spekuliert.

Immer wieder mischen sich in der esoterischen Literatur die Vorstellung der drei Keltengöttinnen – die in der griechischen und germanischen Mythologie genauso ihren Platz haben – mit einer anderen weiblichen Dreiergruppe: Im gesamten Alpenraum tauchen immer wieder die sogenannten „Drei Bethen" auf, Ambeth, Wilbeth und Borbeth, drei Heilige aus dem christlichen Kanon. Sprach- wie geschichtswissenschaftlich fehlen jedoch bislang schlüssige Belege, wie der mittelalterliche Kult um die Drei Bethen mit den Vorstellungen dreier Muttergottheiten zusammenhängen könnte. Für die esoterische Szene ist die Sache jedoch klar: Das männerdominierte Christentum degradierte die drei keltischen Göttinnen zu schlichten – wenn auch heiligen – Nothelferinnen.

Viele Alpensagen der Umgebung etwa aus Inzell oder vom Ausgang des Inntals bei Flintsbach kennen im Übrigen erzählte Geschichten über drei wilde Frauen, die den Menschen ihre Zukunft prophezeien. Bisweilen werden markante Felsformationen mit den Frauen in Verbindung gebracht. Dass die Sagen um die Steinerne Agnes mit ihnen in Verbindung stehen, darf bezweifelt werden. Zwar machen sich auch die Geschichten um das Sennermädchen an einem markanten Felsblock fest. Doch steht der Block an der Südseite des Lattengebirgskammes recht alleine in der Landschaft. Und auch wenn in diesen Geschichten durchaus göttliche Kräfte eine Rolle spielen, die Wirkung dieser Kräfte – egal welche Version der Geschichte man sich auch erzählen will – macht den Menschen, der sie erdulden muss, eher zu einem Opfer als selbst zu einer Gottheit.

Man kann den Ort jedoch auch als das nehmen, was er ist: ein einzigartiger Platz, an dem sich Sonne, Licht und Wärme in aller Stille genießen lassen. An weit mehr als nur an drei Tagen im Jahr und vor allem ganz ohne sich durch ein Teufelsloch hindurchzwängen zu müssen.

INFO

Anfahrt: Zu dieser Tour lässt es sich gut mit Zug und Bus anreisen. Mit der Bahn von Freilassing oder Traunstein bis nach Bayerisch Gmain und weiter mit dem Bus bis zur Haltestelle am Hallthurmer Pass auf der Straße nach Bad Reichenhall fahren. Von dort der Beschilderung der Wanderwege Richtung Steinerne Agnes folgen, weiter am Südrand der Schlafenden Hexe auf den Dreisesselberg steigen und den Toni-Michel-Steig zurück nach Bayerisch Gmain nehmen. Das Teufelsloch lässt sich am besten in der Nähe einer kleinen Kapelle am Waldrand südöstlich der Pflegeeinrichtung Hohenfried beobachten. Der Sonnendurchgang findet jedes Jahr vom 20. bis 22. November von 13:15 bis 13:20 Uhr und vom 20. bis zum 22. Januar zwischen 13:47 und 13:52 Uhr statt. Für eine Wanderung zur Steinernen Agnes sollte man mindestens vier Stunden einplanen und gute Kondition mitbringen. Der Aufstieg ist oft steil und verlangt gute Trittsicherheit. Wer außerdem auf den Rotofen steigen möchte, sollte schwindelfrei sein und sich vor der ein oder anderen ausgesetzten Passage nicht fürchten.

Sehenswert: Alte Saline Bad Reichenhall
Salz spielt für die gesamte Region um das Lattengebirge eine zentrale Rolle. Im Salzmuseum lässt sich in einem europaweit einzigartigen Bauwerk die über 3000 jährige Geschichte der Reichenhaller Salzgewinnung nachvollziehen.
Alte Saline Reichenhall
Alte Saline 9, 83435 Bad Reichenhall
Tel.: 0049-8651-70026146
info@alte-saline.de; www.alte-saline.de

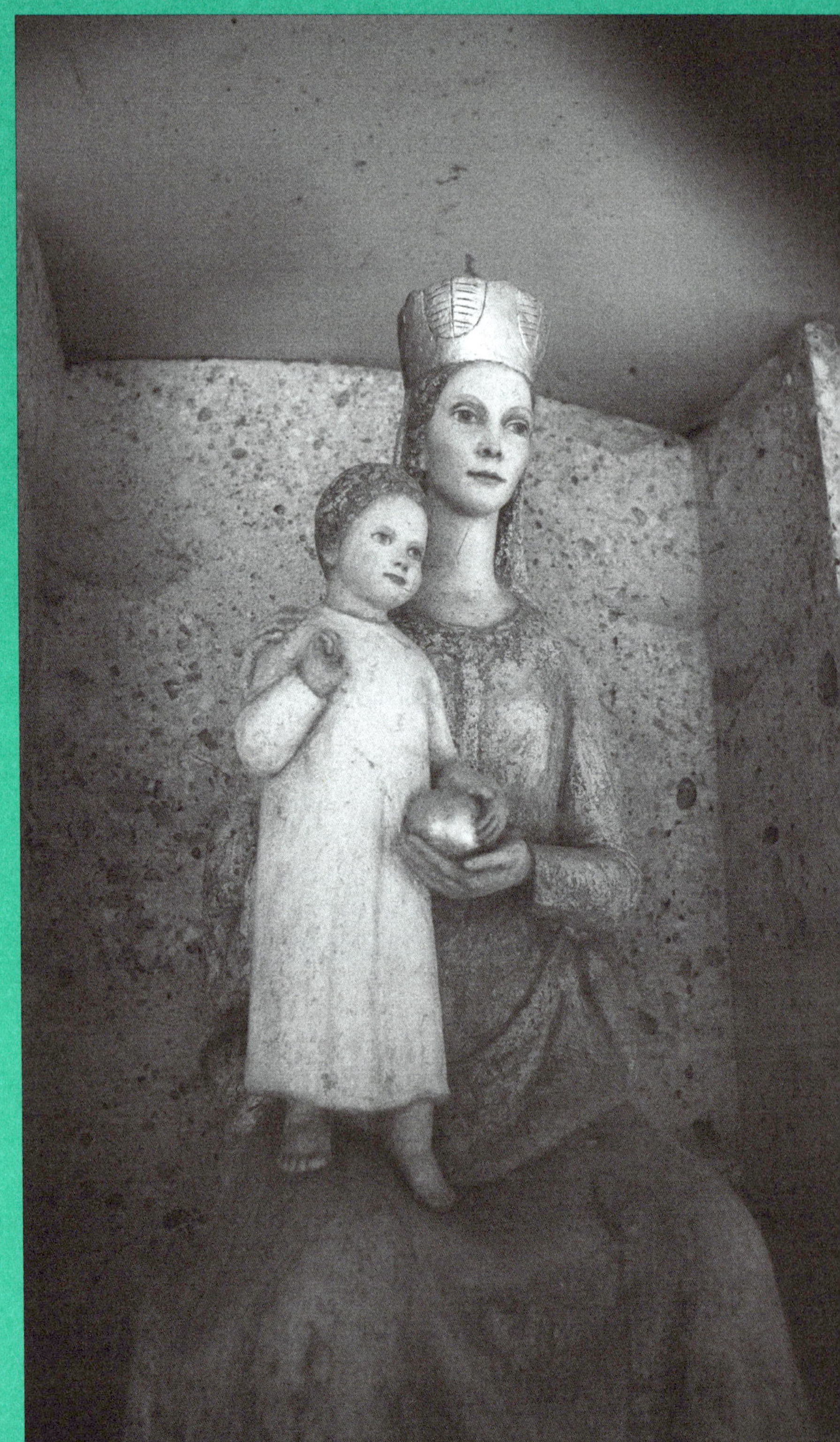

Klobenstein × Traunstein

Wannenbad und Eremitenklause

„Erstlich dienet das Wildbaad", so ließen die beiden Leibärzte des Bayernherzogs Hieronymus Faber und Heinrich Günzinger 1584 den Magistrat der Stadt Traunstein wissen, „allerlei Flüße des ganzen Leibs auszutrocknen und zu verzehren, als nämlich: böse Flüße des Gehirns oder Haupts, so abschießen auf die Zähne oder Brust, die so rinnende Augen haben, oder ein blödes Gesicht, heilt es wohl wie auch die Fluß in den Ohren oder das Sausen darinnen". Zwei Florentiner Gulden hatten sich die Traunsteiner dieses Gutachten der Münchner Ärzte kosten lassen – zu einem Zeitpunkt, als das Traunsteiner Bäderwesen bereits gute dreißig Jahre im Geschäft war und sich für die Stadtkasse zu einer sprudelnden Einnahmequelle zu entwickeln schien. Nach bescheidenen Anfängen mussten zu dem Zeitpunkt, als den Traunsteiner Stadtoberen das Münchner Gutachten zugestellt wurde, die Bademeister im Empfinger Talgrund an der Traun bereits rund 2000-mal im Jahr für Männer wie Frauen die Zuber volllaufen lassen. Mitten im 16. Jahrhundert herrschte unterhalb der Stadtmauern unmittelbar an der Traun dank der zuverlässig plätschernden Quelle bereits ein reger Bade- und Kurbetrieb. Insgesamt saßen die Gäste während der maximal einmonatigen Kuren damals schon bis zu 128 Stunden in der Wanne. Das sollte helfen gegen Rheuma, gegen verschiedene Symptome der Syphilis und wohl auch gegen Hypochondrie. Später nutzte man das Salz der Traunsteiner Saline, um das Wasser anzureichern und konnte so neben Kalt- und Warmwasserbädern auch Moorschlammpackungen genauso wie Solebäder gegen allerlei Hautkrankheiten anbieten.

Über die Jahre wuchs das Wildbad Empfing zu einem ansehnlichen Kurörtchen für die bessere Gesellschaft – Mozarts Schwester Maria Anna, das Nannerl, ging hier gerne zur Kur. Anfang des 19. Jahrhunderts verkaufte die Stadt den Betrieb dann an einen privaten Investor, der ihn mit einigem Geschick zu einer Art noblen Wellness-Oase ausbaute, das Wasser aber auch für den Verkauf in Flaschen füllte und damit sogar eine eigene Empfinger Limonade brauen ließ. Um die Jahrhundertwende finden sich zahllose Postkarten aus Wildbad Empfing. Darauf stehen die langen backsteinernen Gebäuderiegel wildromantisch vor der Traunsteiner Stadtansicht mit kitschigem Bergpanorama im Hintergrund und einem mondänen Kurgarten direkt vor den Fenstern der Badeanstalt.
Die Geschichte endet nach dem Ersten Weltkrieg. Eine Weile kuren hier noch Beamte der Reichsbahn, bevor die Anlage abermals verkauft wird und in die vornehmen Räumlichkeiten eine Vorhangstangenfabrik einzieht. 2006 schließlich brennt das Hauptgebäude zur Gänze nieder. Nur ein kleines Häuschen unmittelbar an der Empfinger Brücke hat die Zeiten überstanden. Der Garten und das Haus mit seinen Lüftlmalereien sind liebevoll renoviert und heute als Ferienwohnung für Urlaubsgäste hergerichtet. Unter dem weiten Dachvorstand mit massiven Wänden und kleinen Fenstern hat das Empfinger Gütl die Zeit überdauert und ist heute eines der ältesten Gebäude Traunsteins. Der Magistrat ließ es Ende des 16. Jahrhunderts während der ersten Blüte des Traunsteiner Bäderwesens für die Bademeister der aufkeimenden Kurindustrie errichten.

Das Wasser der Empfinger Quelle rinnt heutzutage nur mehr aus dem Hahn vor einer kleinen Kapelle. Die Augenkapelle liegt auf halber Strecke von der Stadt herab Richtung Empfing am linken Traunufer. Ein Fußweg führt von dort „längs eines klaren Forellenbaches auf der einen und eines schattigen Waldabhanges auf der anderen Seite nach dem wildromantischen Klobenstein, einer auf einem in der Traun liegenden, großen abgetrennten Felsblocke, erbauten Kapelle mit der an der Felswand hängenden Einsiedelei". Das steht in einem kleinen Büchlein, das einer der Empfinger Badeärzte während der Hochblüte der Traunsteiner Kurzeit über das Wildbad verfasste.

Die Kapelle auf dem gespaltenen Nagelfluhfelsen ist heute noch da. Von der Einsiedelei finden sich allerdings nur mehr Reste des Fundaments am Hang oberhalb der Kapelle. Der „wildromantische" Weg führt heute an Schrebergärten und dem Traunsteiner Klärwerk vorbei. Schattig ist er allerdings immer noch und auch Forellen finden sich noch in der Traun.
Der Sage nach soll ein Ritter, zu Pferde auf der Flucht vor seinen Widersachern, um den Schutz der Muttergottes gefleht haben. Die habe daraufhin den Felsblock aus der steilen Wand oberhalb der Traun auf den Ritter stürzen lassen. Praktischerweise soll sich der Block in der Luft in zwei Teile gespalten haben, die dann links und rechts des Ritters zum Liegen gekommen sein sollen. Die Feinde des Ritters ließen daraufhin von ihrer Verfolgung ab – sei es, weil sie den Ritter als tot vermuteten, oder sei es, weil sie zu faul waren, im Spalt zwischen den Blöcken nach ihm zu suchen. Dass der Ritter daraufhin der so hilfreichen Himmelsgöttin an Ort und Stelle ein Marterl spendierte, versteht sich in Bayern von selbst.
Dieses thront auf dem südlichen, dem kleineren der beiden Felsen und ist durch ein wuchtiges Kupferdach geschützt. Dessen First ziert eine eindrucksvoll ausgemergelte Jesusfigur am Kreuz. Ihre heutige Gestalt bekam die Kapelle erst 2018, nachdem ein umgestürzter Baum den vormaligen Bau vollständig zerstört hatte. Eine breite Treppe aus Naturstein mit kräftigen Holzgeländern auf beiden Seiten führt in den Halbschatten. Ein engmaschiges schmiedeeisernes Gitter verriegelt eine Art Altar: Auf beiden Seiten einer Madonnenfigur mit Jesuskind zeigen zwei Relieftafeln

den vor seinem grasenden Pferd betenden Ritter und seine beiden Verfolger. Ein paar Grabkerzen brennen vor und hinter dem Gitter. Auf einem laminierten Blatt wird die Geschichte des Ritters noch einmal zusammengefasst. Auf der Rückseite des Felsens hat die Traun feinen Kies angespült. Gleich neben dem Weg entlang des Flusses erhebt sich steil eine bewaldete Felswand.

Dort oben muss sich bis kurz vor dem Zweiten Weltkrieg eine Eremitenklause befunden haben. Auf einigen Postkarten des Empfinger Wildbads sieht man hinter den Felsbrocken ein kleines hölzernes Kirchlein im Wald. Knapp 100 Jahre lang soll darin immer wieder ein Klausner gewohnt haben. Die Klause – in Gestalt einer kleinen Kapelle – war in dieser Zeit immer wieder renoviert und umgebaut worden. Eine Zeitlang schwang wohl als Pendel einer kleinen Turmuhr ein Knochenmann seine Sense im Takt der Sekunden. All das ist heute verschwunden. Der letzte Klausner wurde vor einem Nazigericht kurz vor Ende des Krieges wegen Bettelei verurteilt und vom Ort verbannt. Bis dahin hatte ihn die Traunsteiner Bevölkerung fürsorglich verpflegt.

Sowohl Augenkapelle als auch Klobenstein gelten als Kraftort. Der gespaltene Felsblock, der von der Traun umspült wird, und die eindrucksvolle Felswand, aus der der Block einmal gefallen sein muss, hinterlassen tatsächlich einen bleibenden Eindruck.

Ähnlich dem Ritter suchen den Ort Menschen mit mehr oder weniger alltäglichen Sorgen auf und erflehen die Hilfe der Muttergottes. Den Weg hierher teilen sie sich mit den vielen Hilfesuchenden und Flaneuren, die seit der frühen Neuzeit entlang der Traun zum Klobenstein gekommen sind. Sei es, weil sie nach stundenlangen Wannenbädern den Drang nach etwas Zerstreuung und Bewegung verspürten, oder weil sie den Heilversuchen der Empfinger Badeanstalt misstrauten und sich für die Genesung von Syphilis und „blödem Gesicht" – wie ihnen das badeärztliche Gutachten versprach – zusätzlich den himmlischen Beistand der felsblockwerfenden Madonna im Trauntal sichern wollten.

INFO

Anfahrt: Vom Traunsteiner Bahnhof her die Stadt in Richtung Wasserburg verlassen. Nach der Berufsschule rechts in den Empfinger Hohlweg abbiegen und das Auto auf dem Parkplatz direkt vor der Traunbrücke abstellen. Zu Fuß der Traun abwärts an den Schrebergärten und dem Klärwerk vorbei bis zum Klobenstein folgen. Die Augenkapelle liegt vom Parkplatz wenige Meter die Traun aufwärts. Vom Bahnhof ist es gut eine halbe Stunde Fußweg bis nach Empfing – am besten aus der Innenstadt zur Traun hinunterwandern und dem Fluss auf der linken Seite folgen.

Zur Stärkung: Traunstein hat eine lange Brauereitradition. Noch heute gibt es in der Stadt drei Brauereien. Mitten in der Stadt liegt das kleine Brauhaus des Wochinger Bräus mit wunderschönem Kastanienbiergarten und einer gut gemachten bayerischen Wirtshausküche.

Wochinger Brauhaus
Oswaldstraße 4, 83278 Traunstein
Tel.: 0049-861-3045
wochinger-brauhaus@web.de
www.wochinger-brauhaus.com

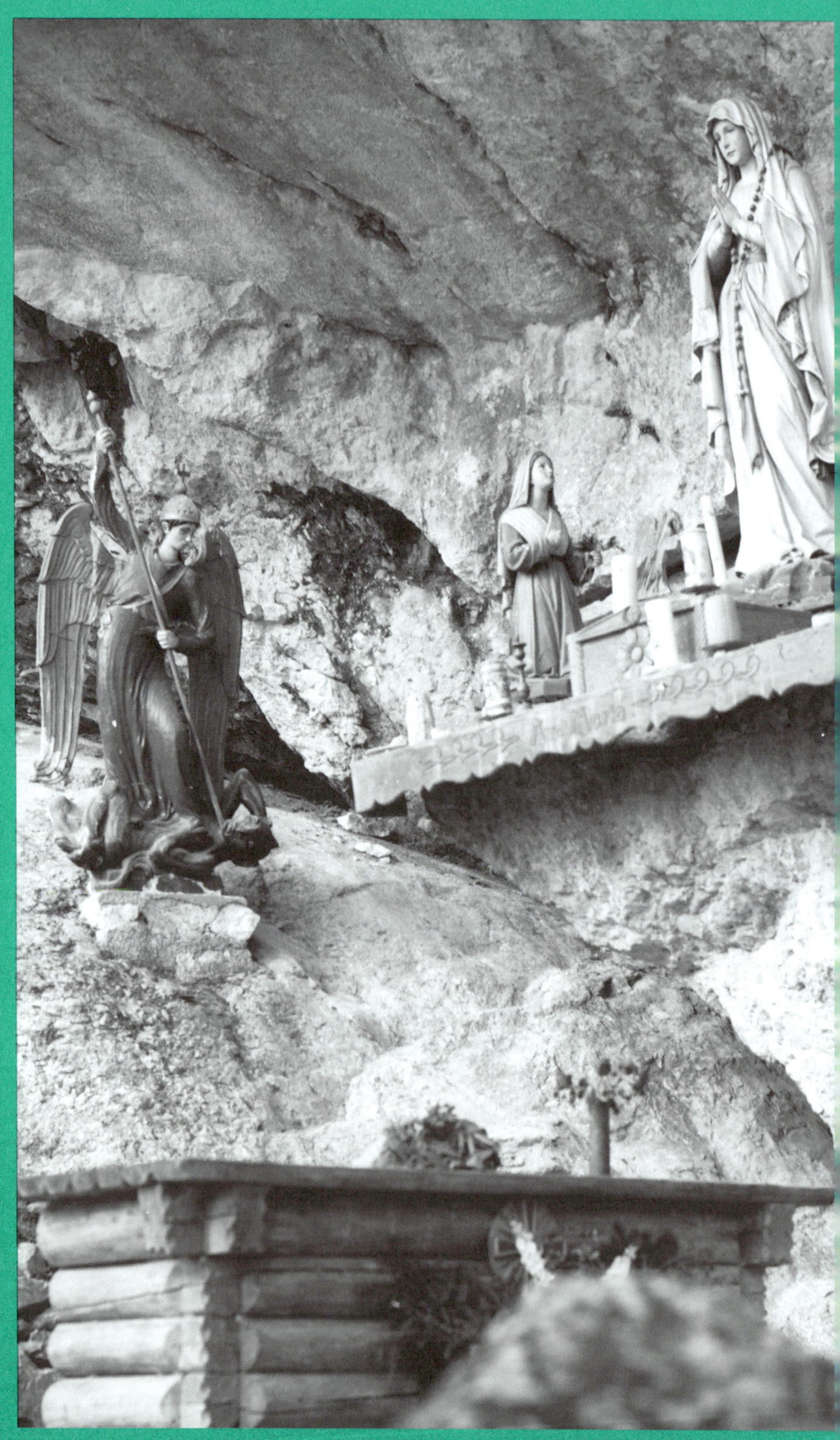

Michaelsgrotte × Ruhpolding

Michael in der Mariengrotte

Auch in Ruhpolding bietet die Tourismusverwaltung Kraftort-Wanderungen an. Das Tal, so heißt es dort, sei ein nach „Heiliger Geometrie" konstruierter Ort. Ein Eckpunkt dieser Konstruktion aus energetischen Linien ist die Michaelsklause. Die Grotte liegt etwas versteckt nahe der Strohnalm, mitten in lichtem Mischwald unter dem Überhang einer darüber knapp 100 Meter aufragenden Felswand. Die Wand ist Teil eines langen Grats, der vom Gipfel des Hochfelln in östlicher Richtung in das Trauntal und nach Ruhpolding führt.

Über einem grob behauenen Holzaltar stehen festgeschraubt auf Felsvorsprüngen eine Marienfigur wie in Lourdes und aus rot lackiertem Holz die Gestalt des Heiligen Michael. Der Erzengel, in eher gotischem Schwung, drückt gerade die Spitze seiner Lanze einer schwarzen Kreatur an die Kehle, die sich vor seinen Füßen windet. Der Gesichtsausdruck der Holzfigur ist dabei eher gelangweilt – ganz so, als öde ihn das Geschäft des christlichen Endsiegs über das Böse nach all den Jahrhunderten ein wenig an.

Über die Zeit haben fromme Besucherinnen und Besucher eine ganze Menge Devotionalien vor Ort gelassen. Und so verstauben hier neben kleinen Engelsfigürchen und Kerzenständern auch einige gerahmte Sterbebildchen in den Nischen und Spalten der Kalkfelswand. Rechter Hand am Rande der Grotte findet sich ein Glöckchen mit einem schmiedeeisernen Zug. Eine inzwischen verwitterte Tafel erinnert an den 50. Jahrestag der Entdeckung der Grotte:

„St. Michaelisklause bist du genannt
Blühe ewig im bayr. Alpenland
Wo die Alpenrosen blüh'n
Dahin zu den Felsen möcht' ich ziehn
Woher ist dein Name mir bekannt
das erfragst Du bei der roten Wand"

10. August 1902. Entdeckt Michael Schnellinger, Maxhütte – Bergen

Pfadfinder- und Wanderergruppen finden regelmäßig ihren Weg hierher, genauso wie die sportlichen Bergpedaleure. In einem Notizbuch, das sorgfältig unter all den bedeutungsschwangeren Figürchen aufbewahrt wird, haben sich viele der Besucherinnen und Besucher verewigt.

Grotten, so erfährt der Gast bei der Ruhpoldinger Tourist-Info, spiegelten das weibliche Prinzip und werden gerne als Marienorte der christlichen Himmelskönigin zugeordnet – oder je nach Vorliebe auch der Erdmutter. Marienverehrung gehört zu Oberbayern wie der süße Senf zur Weißwurst. Augenfälliges Zeugnis dafür findet sich allerorten in zahlreichen, oft mehrere Jahrhunderte alten Bildnissen Marias als überlebensgroße Figur unter deren Mantel alle Menschen bei Unglück Zuflucht finden.

Papst Benedikt XV. gestand mitten im Ersten Weltkrieg den Bayern hochoffiziell ihre Muttergottes als Schutzheilige, als „Patrona Bavariae", zu und hielt für Bayern fest, dass hier ein „Land der Marienverehrung und Marienorte" sei. Es war wohl kein Zufall, als sich zum Anfang des neuen Jahrtausends ein frisch gewählter Bayer für den Petrusthron bei seiner Namenswahl auf seinen marientreuen Amtsvorgänger bezog. Joseph Ratzinger galt nicht erst als Benedikt XVI. als glühender Verehrer jener jungfräulichen Mutter aus Palästina.

Die Marienverehrung reicht in Bayerns Geschichte weit zurück. Nach den Wirren der Religionskriege Anfang des 17. Jahrhunderts verordnete

Maximilian I., ein reichlich übereifriger Katholik, seinen Bayern, dass sie stets einen Rosenkranz unter der Dirndlschürze oder in der Lederhose mitzuführen hätten. Der bayerische Glaubenskrieger ging dabei sogar so weit, das Einhalten seiner fanatischen Regeln durch eine eigens eingerichtete Glaubenspolizei überwachen zu lassen.

Die Figur der Muttergottes blieb eine dankbare Symbolfigur. Für die Gegenreformation vermochte sie die europäischen Katholiken von Lourdes bis Altötting unter ihrem Mantel zu vereinen. Nach allen Kräften förderte die römische Kurie während des 19. Jahrhunderts auch noch die bizarrsten Auswüchse der Marienfrömmigkeit. Das bekannteste Beispiel dürften wohl die Erscheinungen sein, die ein kleines Müllersmädchen um die Mitte des 19. Jahrhunderts in den Feldern rund um die französischen Kleinstadt Lourdes gehabt haben will. Der kleine Ort wuchs dank der recht schnell einsetzenden katholischen Propaganda innerhalb kürzester Zeit zu einem der ersten Massenwallfahrtsorte heran, an dem schon Ende des Jahrhunderts halb Europa seinen Kranken und Schwachen neue Hoffnung zu verschaffen suchte. Die weiß-blaue Madonnenfigur aus Lourdes findet sich auch heute noch an zahllosen Orten in Bayern: an kleinen Quellen, in Privatgärten oder an Seitenaltären in Kirchen und Kapellen.

Hatte die Kirche während der Aufklärung und vor allem während der Zeiten der Säkularisation schwer gelitten, so schuf sie sich mit der Marienfrömmelei eine ganz neue Daseinsberechtigung. Mit Wundern, heilsamem Wasser und dem befriedigenden Zauber von kerzenbeschienenen Massenaufläufen verließen Macht und Einfluss des Vatikans allmählich die weltpolitische Bühne und zogen sich Stück für Stück in die Herzen der katholischen Gläubigen zurück.

Den Verlierern der industriellen Revolution bot sich damals die weiß-blaue Madonna aus Lourdes auch unter dem Felssturz an der bayerischen Strohnalm als Identifikationsfigur an. Denn für die Bayern schien es zunächst gar nicht ausgemacht, dass sie – wie es sich heute darstellt – zu den Gewinnern dieser industriellen Aufrüstung gehören könnten. Erst sehr spät hat der Freistaat zu einer nennenswerten Industrie gefunden. Gegen Ende des 19. Jahrhunderts begannen Politik und Wirtschaft hier Entwicklungen aufzuholen, die in anderen Gegenden längst prächtige Erfolge zeitigten. Das Alpenvorland hatte bei der Entdeckung der Michaelsgrotte kaum nennenswerte Industrieanlagen vorzuweisen, die Menschen lebten hier hauptsächlich von der Landwirtschaft in kleinen und kleinsten Familienbetrieben.

Unterhalb des Hochfellngipfels finden sich bei Bergen noch die Reste einer Chiemgauer Stahlhütte. Allerdings wurden dort bereits um die Mitte des 19. Jahrhunderts der Erzabbau und die Eisenverhüttung aufgegeben, sodass sich das Werk lediglich auf die Gießerei beschränken musste. Auf den Märkten in Deutschland oder Europa waren zu diesem Zeitpunkt derartige Kleinstbetriebe bereits nicht mehr wettbewerbsfähig.

Für die Bauern im Chiemgau wurde damals allmählich sichtbar, wohin die Reise gehen würde: Die Menschen zogen in die Städte, wo neue Fabriken einträgliche Arbeit versprachen. Wer zuhause blieb, der blieb dort oft verunsichert zurück. Mit den neuen Formen der Arbeit entstanden auch neue Ideen: Sozialdemokratie zum Beispiel oder der beißende Spott der Münchner Liberalen an der katholischen Frömmigkeit.

Als Michael Schnellinger 1902 im Schutz einer Felswand eine Lourdesgrotte einrichtete, mag das deshalb auch als Zeichen des Trotzes verstanden werden. Gegen den Lauf der Zeit wurden hier Symbole und Glaubensgewissheiten in Sicherheit gebracht. Im Stillen, alleine und nicht mehr im Rahmen einer großen Kirchengemeinde sollten hier Trost, Kraft und Glaube gefunden werden. Versteckt, in ein Inneres entrückt, verbürgt und gesichert durch die Macht der kirchturmhohen Gewalt eines Felsabhangs.

„Ein Ort der Ruhe und des Friedens“, so lautet ein Eintrag im Gästebuch der Michaelsgrotte. Einem anderen kommt angesichts des frommen

Ensembles mit Erzengel und Lourdes-Madonna der Religionskritiker Schopenhauer in den Sinn: „Jeder Tag ist ein kleines Leben."

INFO

Anfahrt: Die gut zweistündige Tour beim Bahnhof Ruhpolding beginnen, der Urschlauer Ache folgen und beim Marmorbruch bei einem kleinen Parkplatz in Richtung des Weilers Egg aufsteigen. Von dort nördlich unterhalb des Strohnschneid-Grats in Richtung Westen über eine Reihe von Almwiesen bis zur Strohnschneidalm wandern (ein wenig Kondition erforderlich). An der Alm nicht weiter in Richtung Grat aufsteigen, sondern rechts einem kleinen Trampelpfad in den Wald folgen. Unterhalb einer hohen Wand findet sich die Grotte. Es lohnt sich aber für eine schöne Tagestour, anschließend den Grat zu erklimmen und ihm durch die Latschenkiefernfelder bis zum Hochfelln nach Westen zu folgen (dafür gute Kondition und Trittsicherheit vonnöten). Vom Hochfellngipfel dann in Richtung Bergen und Maxhütte vorbei an der Mittelstation der Seilbahn absteigen. In Bergen gibt es wieder Anschluss an die Bahnstrecke zwischen München und Salzburg.

Sehenswert: Museum Maxhütte

In Bergen lässt sich eindrucksvoll bayerische Industriegeschichte besichtigen. Die Bergener Maxhütte hatte eine lange Tradition bei der Verhüttung und beim Guss von Eisen. Das Werk galt noch um die Mitte des 19. Jahrhunderts als einer der wichtigsten Eisenhersteller Bayerns. Ende des Jahrhunderts schloss dort jedoch die Eisenproduktion, in den 30er-Jahren des 20. Jahrhunderts sperrte dann auch die Gießerei zu. Die Anlagen des Werkes sind aber heute noch zu besichtigen.

Maxhütte Bergen
Maxhüttenstraße 10, 83346 Bergen
Tel.: 0049-8662-8321
tourismus@bergen-chiemgau.de; www.maxhuette-bergen.de
Öffnungszeiten: Anf. Mai bis 3. Okt.: Di–So 10–16 Uhr

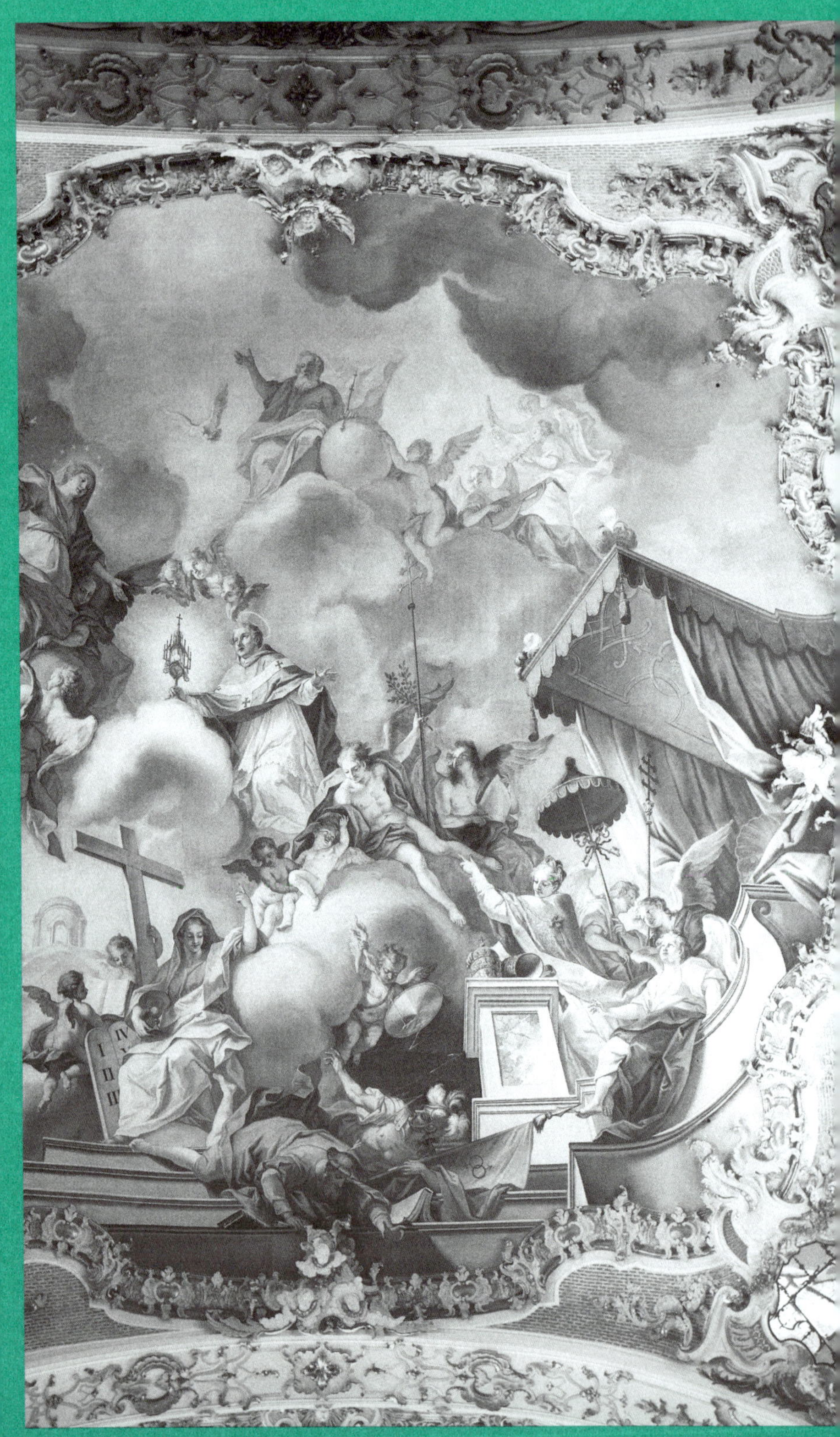

Welfendom × Steingaden

Im Clinch mit Barbarossa

Das Welfengeschlecht ist heute ein wenig in Verruf geraten. Ernst August Albert Paul Otto Rupprecht Oskar Berthold Friedrich-Ferdinand Christian-Ludwig Prinz von Hannover Herzog zu Braunschweig und Lüneburg Königlicher Prinz von Großbritannien und Irland – das steht wohl tatsächlich so in dessen Pass – kennt das informierte Publikum von „Bild" und „Gala" heute nur mehr als Pinkel- oder Prügelprinz. Punkfreunden ist der heute prominenteste lebende Vertreter jenes seit dem frühen Mittelalter im europäischen politischen Geschäft tätigen Familienclans vielleicht noch als „der Sid Vicious der Aristokratie" bekannt.

Im Hochmittelalter stellten die einstigen Vorfahren des cholerischen Prinzen Kaiser, Kurfürsten und Könige. Ab 1070 traten die Welfen immer mal wieder als Herrscher über das Herzogtum Bayern auf, bis schließlich 1180 im Streit mit dem deutschen Stauferkaiser Friedrich Barbarossa der Welfe Heinrich der Löwe Bayern an Otto I. von den Wittelsbachern abtreten musste. Letztere blieben bekanntermaßen in Bayern bis 1918 an der Macht und wurden erst am Ende des Ersten Weltkriegs von den bayerischen Arbeiter- und Soldatenräten in Rente geschickt.

Auf dem Marktplatz der oberbayerischen Gemeinde Steingaden steht eine zeitgenössische Bronzestatue von Welf VI. Der Platz war bis zur Säkularisation der äußere Klosterhof der Prämonstratenser-Abtei Steingaden. Gestiftet wurde das Kloster 1147 von eben jenem Welf VI., der heute, in Bronze gegossen, die Klostertürme in der Rechten, das Schwert in der Linken, über dem Marktbrunnen wacht. Die Herrschaft der Welfen über Bayern war während des 12. Jahrhunderts jedoch alles andere als gesichert. Welf VI. versuchte mit wechselndem Glück, die Herrschaft seiner Familie gegen die Interessen der Staufer und Babenberger durchzusetzen.

Der Schwerpunkt der Welfischen Herrschaft lag damals im Schwäbischen – wobei Welf VI. auch von Lehen in der Toskana und auf Sardinien profitierte. Als dritter Sohn des Bayernherzogs Heinrich IX., „Der Schwarze“, hatte er eigentlich keinen wirklichen dynastischen Anspruch auf das Herzogtum Bayern. Erst als sein ältester Bruder frühzeitig verstarb und mit Heinrich dem Löwen nur einen minderjährigen Sohn als Erben hinterließ, kümmerte sich Welf VI. bis zu dessen Volljährigkeit um die Geschäfte im Herzogtum. Die Herrschaft der Welfen über Bayern stand in dieser Zeit durchaus in Frage. Im Jahr der Klostergründung versuchte Welf VI. die deutschen Fürsten auf dem Frankfurter Hoftag von der Rechtmäßigkeit des Anspruchs seines Clans auf das Herzogtum Bayern zu überzeugen – ohne Erfolg allerdings. Mit der Gründung des Klosters, das er als Grabkirche für sich und seine Nachkommen auserwählt hatte, wollte er sicherlich die Ernsthaftigkeit seiner Ansprüche auf Bayern untermauern. Es sollte allerdings erst seinem Neffen Heinrich dem Löwen nach Erreichen seiner Volljährigkeit gelingen, vom Kaiser und den deutschen Fürsten rechtmäßig als Herzog von Bayern anerkannt zu werden.

Die Geschichte von Welf VI. verlief am Ende eher tragisch. Nachdem er seinen eigenen Sohn, der sich auf einem Kreuzzug ins Heilige Land mit der Pest angesteckt hatte, im Steingadener Welfenmünster beisetzen musste, zog er sich ermattet und gebrochen aus der Politik zurück. Er überließ seinen Widersachern bei den Staufern das Feld. Seinen Besitz in der Toskana verkaufte er an Barbarossa und verbrachte die Tage bis zu seinem Tod im Jahr 1191 in seiner Geburtsstadt Memmingen als Finanzier von Lyrik, Kirchenbau und Geschichtsschreibung. Er liegt heute als einziger Welfe neben seinem Sohn in seinem Kloster begraben.

Das bauliche Ensemble des Klosters – auch wenn es mit der Säkularisation stark gelitten hat – wirkt auf die Besucherinnen und Besucher des sonst eher dörflichen Ortes noch heute als Fremdkörper. Die Städtebauförderprogramme der 90er-Jahre ließen die alte Bausubstanz mitten in der dörflichen Gemeinde wieder deutlich erkennbar hervortreten. Mit sauber gekalkten Wänden, den roten Schindeln auf den steilen Satteldächern, mit gepflegten Steinpflastern auf den verschiedenen Höfen und Plätzen sowie dem sorgsam erhaltenen, uralten Baumbestand findet sich hier ein eindrucksvolles architektonisches Denkmal. Ein Ensemble, das während der Zeit seiner Nutzung bei der äußeren Gestaltung seiner Gebäude genauso wie beim Schmuck der Innenräume keine der kunsthistorischen Epochen seit der Romanik ausgelassen hat. Die ältesten Gebäudeteile wie die Johanneskapelle, die Reste des Kreuzgangs, aber auch die Tavernwirtschaft am äußeren Klosterhof weisen bis in die Gründungszeit unter Welf VI. im 12. Jahrhundert zurück.
In der Johanneskapelle hat die zeitgenössische Esoterikszene „geomantisch einen wunderbaren Engelfokus“ neben einer „achtfachen Strahlung und Wasseraderkreuzung“ entdeckt. Die kleine Kapelle entstand zeitgleich mit dem Welfenmünster. Allerdings muss das Gebäude, das an die Jerusalemer Grabeskirche erinnern soll, zunächst an anderer Stelle errichtet worden sein und wurde erst um 1500 auf seinen heutigen Platz versetzt. Fenster und Türen der Kapelle haben deshalb bereits gotische Formen angenommen. Auf dem Schlussstein des Netzrippengewölbes im Inneren findet sich die Jahreszahl 1511. Nur die Steinarbeiten – Jesus mit Maria und dem Evangelisten Johannes – über dem Eingangsportal sind noch aus der Gründungszeit des Klosters.

Vor dem alten Kellerei- und Apothekengebäude der Anlage, südlich des Eingangsportals zum Münster mit seinen beiden Türmen, pflegt der örtliche Gartenbauverein einen kleinen Garten. Die Anlage wird zwar als Klostergarten benannt, widmet sich jedoch vielerlei gartenbaulichen Themen wie Medizinpflanzen, Kompost oder der Flora, wie die Bibel sie kennt. Im Mittelpunkt der Anlage liegt ein Steinlabyrinth. Ein uraltes Symbol, das aber weniger mit den Heckenlabyrinthen in barocken Gärten zu vergleichen ist. Es liegt vielmehr offen als freie, kreisrunde Kiesfläche vor Augen. In einzelnen Kreisen, die alle ihren Mittelpunkt im Zentrum des Labyrinths haben, grenzen Pflastersteine einen Weg in das Zentrum der Kiesfläche ab. Ohne Probleme ließe sich so auch auf direktem Weg zum Beet in der Mitte gelangen. Wer jedoch auf dem abgegrenzten Weg den Bahnen der Kreise folgt, gelangt immer wieder – die Richtung wechselnd – zum Zentrum der Anlage. Stand an deren Eingang die lateinische Frage „Quo vadis?", also „Wohin gehst Du?", so findet sich in ihrem Mittelpunkt ein alter, heute allerdings zugeschütteter quadratischer Brunnenschacht, der wiederum auf einem quadratischen Sockel sitzt.

Zweimal vier Ecken, die Acht als Symbol des Sterbens und des Neubeginns. Im Christentum eine Chiffre für dic Taufe mit den Wassern des Lebens. Der Weg des Labyrinths will als Weg zur eigenen Mitte verstanden werden. Das katholische Christentum setzt an diese Stelle selbstverständlich Jesus: Eine Kachel mit der Jakobsmuschel weist als christliches Symbol auf Jesu Grab und damit auf seine Auferstehung hin. Der bayerische Teil des Jakobsweges – die Jakobsmuschel dient diesem europaweiten Pilgerwegenetz als Wegmarke – führt im Übrigen durch Steingaden.

Dabei hat der Ort seit dem Ende des 18. Jahrhunderts seine eigene Wallfahrtsgeschichte. Ganz in der Nähe hatte eine Bäuerin bei einem Kreuzwegmarterl im Gesicht der gegeißelten Christusfigur Tränen entdeckt.

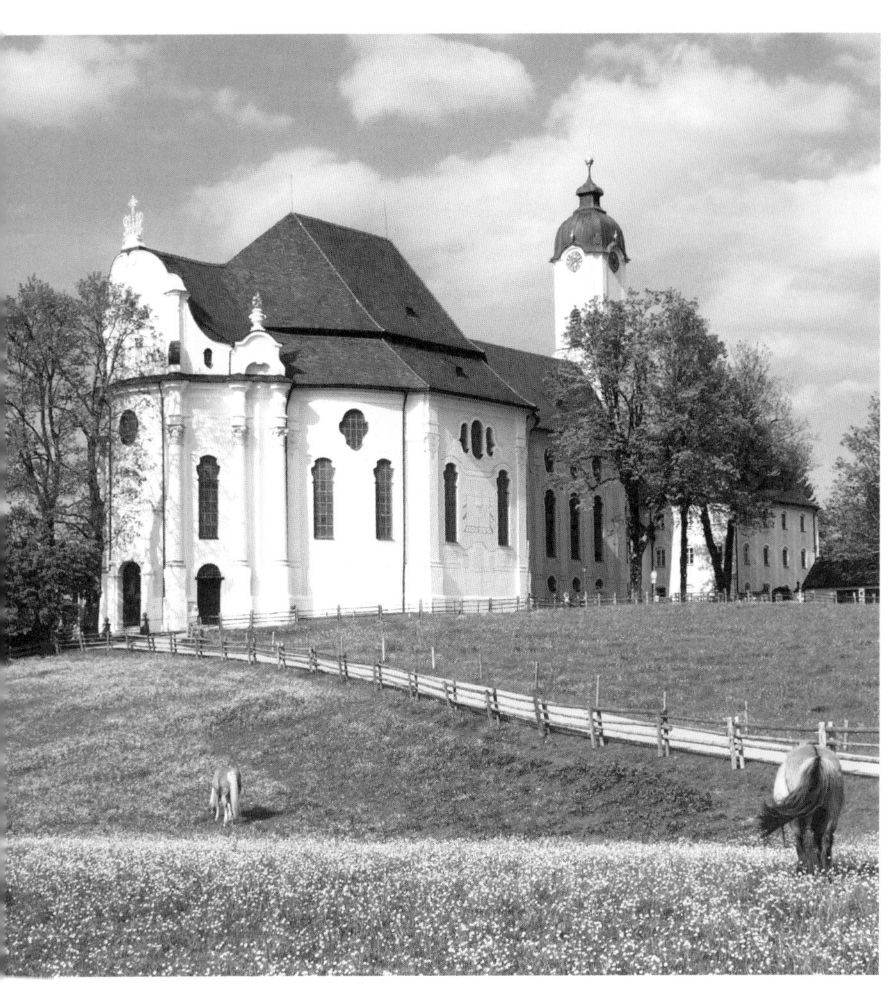

Und auch wenn die Steingadener Prämonstratenser zunächst versuchten, einen Ausbruch bäuerlicher Frömmigkeit an dem eher simpel geschnitzten Leidensbild klein zu halten, so setzte dennoch recht schnell eine Wallfahrtsbewegung auf die sumpfigen Wiesen südöstlich des Klosters ein: 1740 tauchten dort bereits um die 3 000 pilgernde Gäste auf. 1745 musste man in Steingaden für deren geistliche Betreuung bereits einen eigenen Bruder abstellen, der bis zu 16 Pilgermessen täglich abfeierte. Dreißig Jahre später stellte der Steingadener Abt sechs Mönche für das

Pilgergeschäft auf der Wiese ab. Allerdings hatte man dann schon ein passenderes Bauwerk in Auftrag gegeben, das 1753 als „Wallfahrtskirche zum gegeißelten Heiland auf der Wies" in Betrieb gehen sollte und zu guter Letzt 1983 in die Liste des Weltkulturerbes der Vereinten Nationen aufgenommen wurde.

Neben Steingaden und der Wieskirche waren die Welfen übrigens noch für eine Reihe weiterer bayerischer Sehenswürdigkeiten verantwortlich. Wenn auch nur indirekt: Der Wittelsbacher Ludwig II. hätte ohne die Welfen seine irren Traumburgen in ganz Bayern wohl niemals finanzieren können. Als das preußische Reich 1866 das Königreich Hannover annektierte, fiel auch das Vermögen der Welfenherrscher in die Hände der Preußen. Bismarck nutzte die Erträge aus deren erklecklichem Vermögen, um sich bei den Fürsten Deutschlands die eine oder andere Gefälligkeit zu kaufen. Unter anderem bezahlte er den Wittelsbacher Ludwig II. für seine Unterschrift unter dem sogenannten Kaiserbrief, der den Preußen Wilhelm 1870 in Versailles zum deutschen Kaiser machte und Bayern die politische Unabhängigkeit kostete. Ludwig ließ sich diesen schmerzlichen Machtverlust bis zu seinem seltsamen Tod 1886 mit mehreren Millionen Mark aus dem Welfenfonds bezahlen. Gelder, ohne die weder Schloss Herrenchiemsee noch Schloss Neuschwanstein in seiner heutigen Form entstanden wären.

INFO

Anreise: Steingaden liegt mitten im oberbayerischen Pfaffenwinkel gut erreichbar an der B17 von Augsburg zu den bayerischen Königsschlössern bei Füssen. Die Bundesstraße stößt im Ort auf die Deutsche Alpenstraße, die von hier Richtung Osten über Garmisch, das Inntal und den Chiemgau zum Königssee führt. Der Marktplatz vor dem Münster mündet direkt auf die viel befahrene Straße. Die Deutsche Alpenstraße führt kurz nach dem Ortsausgang von Steingaden zu der Abzweigung in Richtung Wieskirche. Im Gegensatz zum Steingadener Münster herrscht dort allerdings das ganze Jahr über ein ordentliches Gedränge von Pilgerbussen und privat Anreisenden.

Vom Bahnhof Füssen aus fährt regelmäßig ein Bus nach Steingaden.

Zur Stärkung: Der Gasthof Graf ist ein liebenswertes bayerisches Wirtshaus mit einem schönen, bewirtschafteten Kastaniengarten vor dem Haus. Serviert wird eine tadellose oberbayerische Küche mit Grundprodukten aus der unmittelbaren Umgebung von Steingaden.

Gasthof Graf
Schongauer Straße 15, 86989 Steingaden
Tel.: 0049-8862246
info@gasthof-graf.de; www.gasthof-graf.de

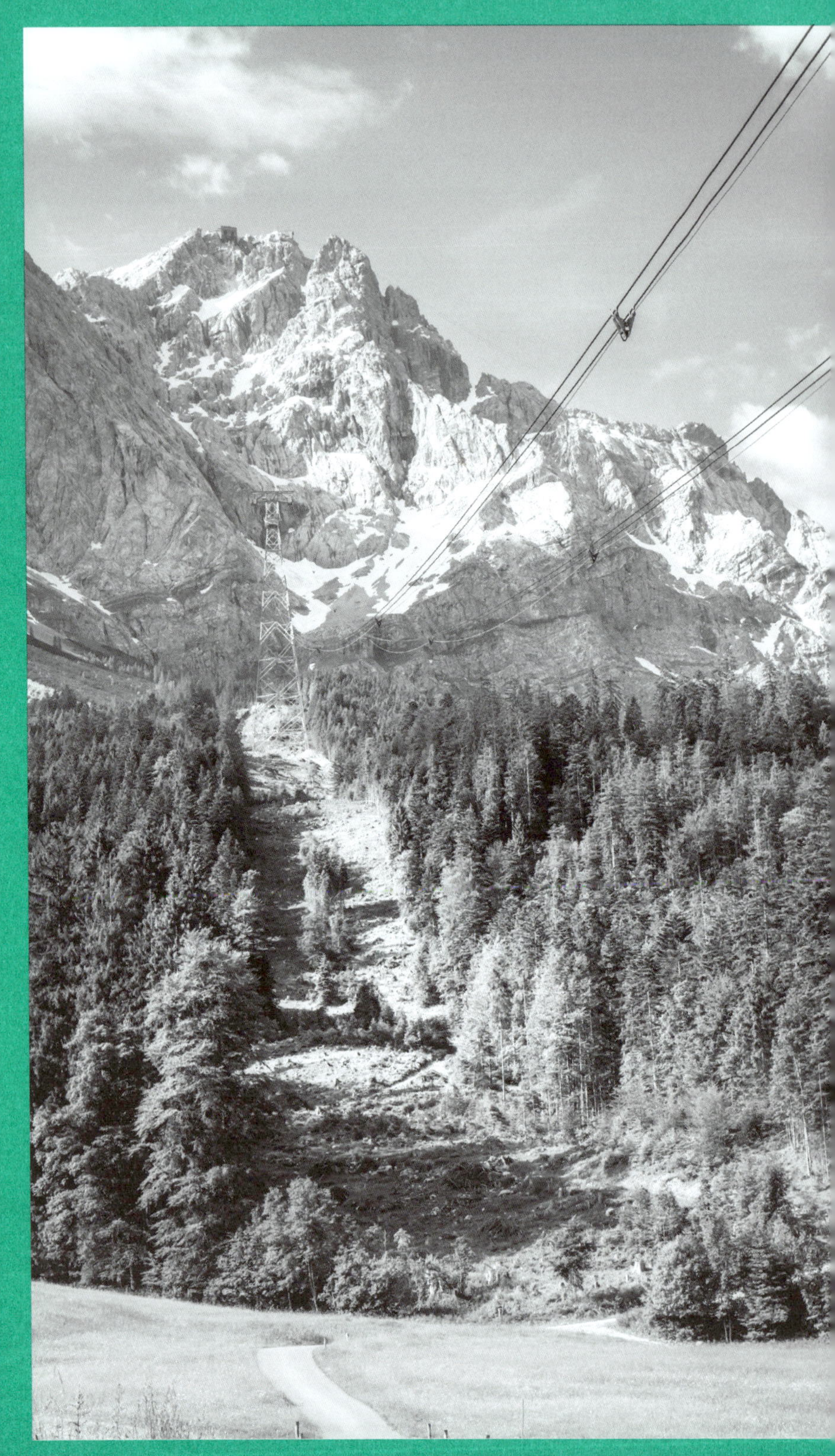

Zugspitze

Jedem seinen Höhepunkt

Mit Superlativen kann man eine Menge anstellen. Gipfelpunkte – also topografische Höhe- und Höchstpunkte – sind da keine Ausnahme. Wer auf Deutschlands höchsten Berg klettert, hat der- oder diejenige nicht auch Anspruch anderswo ganz oben zu stehen? Karriere? Finanziell? Wählerumfragen? Natürlich ist das ein alberner Gedanke, aber ist er deswegen aus der Welt? Die bayerischen Ministerpräsidenten Stoiber, Seehofer, Söder – keiner konnte bisher dem Ruf des Berges widerstehen. Genauso wenig wie die jährlich gut 600 000 Gäste, die von drei Fahrgeschäften von deutscher und österreichischer Seite bis knapp unterhalb des zugigen Felsblocks mit dem Gipfelkreuz hier heraufgehievt werden.

Der Drang zum Höchsten hat das Gelände auf dem Zugspitzblatt seit der ersten dokumentierten Besteigung 1820 prächtig möbliert. Drei Seilbahnen enden hier oben – eine dient als Gipfelzubringer für Gäste, die mit der alten Zahnradbahn bis unterhalb des Zugspitzgletschers angereist sind. Sowohl die österreichische als auch die bayerische Seite lassen auf gut 2 900 Metern das Volk mit Cappuccino, Barberawein und Pizza Frutti di Mare verwöhnen. Hochzeiten, Firmenveranstaltungen und Kabinettsitzungen für Länder- wie Bundesregierungen, alles kein Problem, Aussicht inklusive, die Anfahrt nicht viel mehr als eine Viertelstunde von der Talstation. Die Prospekte der Bergbahnbetreiber triefen vor Superlativen. Fast scheint es, als könnten die Werbetreibenden selbst nicht glauben, was sie den Kundinnen und Kunden in ihren Broschüren verkaufen müssen.

Wer staunen möchte, welche perverse Kraft das viele Geld, aus Steuerquellen genauso wie aus privaten Taschen, entfalten kann, der quäle sich von Garmisch über das Reintal hier herauf: Das Glas, der Beton, der Stahl – die Sorglosigkeit in Badelatschen und die zuckerschleckende Gier, die hier Schub um Schub umhegt und bedient werden will.

Ödön von Horvath hat von dieser Kraft gewusst. Er erzählt davon in seinem volkstümlichen Dreiakter „Die Bergbahn". Gegen die Kräfte der Natur spannt darin das Kapital das erste Seil für eine Bahn auf den Zugspitzgipfel. Es spannt freilich nicht selbst, sondern bedient sich seiner ganz eigenen Kräfte, der abhängigen Lohnarbeit. Und selbst wenn Horvaths Charaktere zu Beginn des 20. Jahrhunderts etwas holzschnittartig geraten sind und seine Kritik am Kapitalismus furchtbar platt, falsch ist sie deshalb nicht. Am Ende des Stücks wird die Rechnung präsentiert, die Arbeiter bezahlen mit ihrem Leben.

Heute wissen wir, dass die Arbeiter an einer Bergbahn durchaus zufrieden sein konnten und gutes Geld verdienten, selbst wenn sie wie hier an der Zugspitze in lebensbedrohlichem Gelände werken mussten. Der Blick über die schmelzenden Gletscher am Zugspitzblatt beweist jedoch recht eindrucksvoll, dass deshalb die Rechnungssumme seit Horvath nicht kleiner geworden ist.

Mehrere wissenschaftliche Institute forschen im Schneefernerhaus zum Klimawandel. Der Gebäudekomplex wurde kurz vor der Machtübernahme der Nationalsozialisten südlich unterhalb des Gipfels ursprünglich als Luxushotel errichtet, nach dem Zweiten Weltkrieg zum Erholungsheim für die amerikanischen Streitkräfte umgebaut und erst gegen Ende des Jahrtausends schließlich seiner heutigen Bestimmung übergeben.

Und natürlich haben vor allem die jüngsten Besuche der deutschen und bayerischen Politprominenz vordergründig den Zweck, mit schönen Bildern aus der Alpenwelt einen Leistungsnachweis zu liefern für den Einsatz der

Politik in Sachen Klimaschutz. Dass ihr bisheriger Einsatz nicht ausreichend war, auch das wurde noch bei jedem Auftritt hier oben betont. Folgenlos wie man sieht: Der südliche Teil des Schneefernergletschers ist geschmolzen. Das restliche Eisfeld gilt seit 2022 nicht mehr als Gletscher.

Nicht besprochen wurde allerdings bei all diesen Runden, dass unser Wunsch nach Höhepunkten, der jeden Tag all die vielen Menschen auf das Zugspitzblatt treibt, etwas zu tun haben könnte mit dem Verschwinden der Gletscher hier oben. Dass Horvath vielleicht zu kurz gegriffen hatte, als er die Leidtragenden unseres Wunsches nach Höherem und Höchstem ausschließlich unter den einfachen Arbeitern ausmachte. Nicht das Ende eines Arbeiterleben war die Grenze, bis zu der die Wertschöpfungskette letztlich reichte. Es sind unser aller Lebensgrundlagen: unser Wasser, die Luft, das Klima auf unserem Planeten.

Südlich des Zugspitzmassivs liegt oberhalb von Ehrwald bereits auf der Tiroler Seite ein Hochtal mit drei kleineren Seen. Von hier hat man einen der schönsten Ausblicke auf den Berg. Grau und kalt lastet der massive Gesteinsstock über den teils grünen, teils tiefblauen Wassern des Seebensees. Dunkle Fichten und Kiefern säumen die Ufer und ziehen sich in tiefgrünen Zungen die teilweise offenen Flanken der umliegenden Gipfel empor. Sanft geschwungene Matten öffnen die Landschaft ein wenig Richtung Süden. Keine Stunde bergaufwärts von dort in Richtung Süden und Grünstein stößt man erneut auf einen kleinen See.

Im Drachensee, so geht die Sage, ist einmal ein ganzes Dorf versunken – als göttliche Strafe, was sonst. Ein christlicher Heiliger war durch das Dorf gestreift und hatte seinen Bewohnerinnen und Bewohnern nicht nur die Lehren des Christentums eingebläut, sondern ihnen auch den Bergbau nahegebracht. Beide Lehren fanden zunächst im Dorf Anklang. Letztere sogar mit großem Erfolg. Die Menschen am Drachensee erschlossen sich der Sage nach eine Goldmine, wurden unermesslich reich und vergaßen darüber

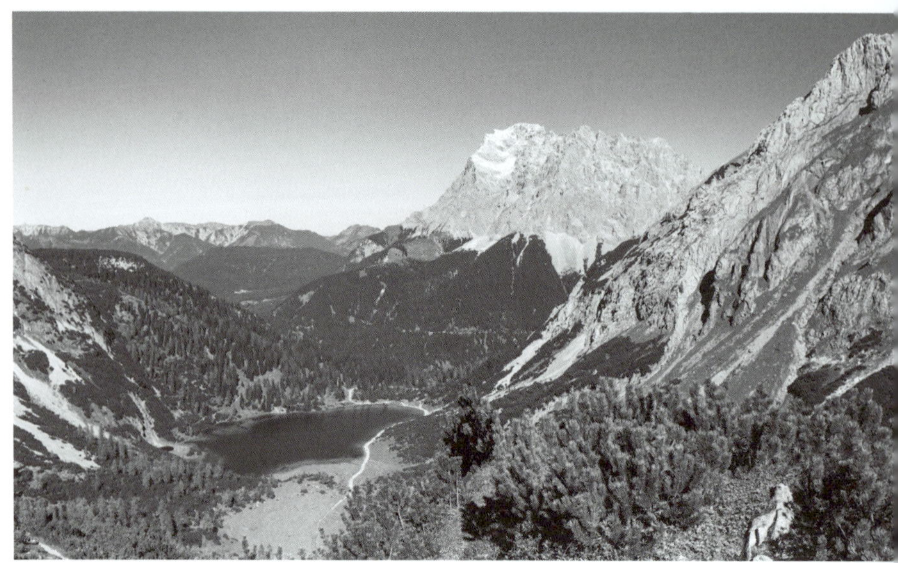

vollends den ersten Teil der Lehren des Heiligen. Sie hörten auf zu beten, ließen Gott einen guten Mann sein und frönten lieber den eigenen Geschäften und der eigenen Gier. Das ging so weit, dass ein Fremder, der sich in die Gegend des Dorfes verirrt hatte, kühl des Dorfes verwiesen wurde. Anstelle der gebotenen Hilfsbereitschaft wurde der fremde Mann seinem Schicksal überlassen. Er kam ums Leben, jedoch nicht ohne noch einen Fluch über das selbstgefällige Dorf gesprochen zu haben.

Das Dorf verschwand und an seiner Stelle war fortan der Drachensee zu finden. In den Tiefen des Sees führen die ehemaligen Dorfbewohnerinnen und -bewohner seitdem ein ruheloses Geisterleben, bewacht von einem Drachen, dessen Bewegungen manchmal im See Wellen schlagen sollen. Zu Heilig Abend, nachts, so heißt es, lässt sich die Kirchturmglocke des Dorfes am Seegrund hören. Wer sich anstrengt, sieht dann in dem klaren Wasser die bußfertigen Gespenster um die Kirche prozessieren.

Ein Blick zurück zur Zugspitze. Zu den Seilbahnen, den Souvenirshops, den Cappuccinobechern, dem gut gelaunten Gedrücke und Geschiebe. Was, so fragt man sich, wenn die Leute vom Drachensee gar nicht bestraft wurden? Wenn sie – den Reichtum aus den Stollen im Gepäck – fortgezogen sind? Nach München vielleicht? Und wenn sie von dort immer mal wieder zurückkommen, als Ministerialbeamte oder Ministerpräsidenten? Scampi-Spießchen lutschen und Champagner schlürfen und schwermütig auf die grauen, leeren Geröllfelder vor den Fenstern der Betonburgen auf dem Zugspitzblatt blicken. Irgendetwas haben sie wohl mit dem Verschwinden der Gletscher zu tun. Was genau, das ist ihnen in all den Jahrhunderten auf immer neuen Gipfel- und Höhepunkten entfallen.

INFO

Aufstieg: Der Aufstieg auf die Zugspitze ist nichts für schwache Nerven und Beine. Eine der schönsten Routen geht von Garmisch-Partenkirchen durch die Partnachklamm, über das Schachenhaus in das Reintal. Nach einer Übernachtung in der Reintalangerhütte geht es am nächsten Tag auf den Gipfel. Ein anspruchsvoller, allerdings durchaus reizvoller Abstieg führt über den Stöpselzieher-Steig und die Wiener-Neustädter Hütte ins Tal nach Ehrwald in Tirol. Von dort fährt ein Bus oder Zug zurück nach Garmisch.

Sehenswert: Oft ist es ja schöner und eindrucksvoller, einen Berggipfel vom Tal aus zu betrachten. Ein malerischer und nebenbei auch historisch interessanter Ort für einen Blick auf das Wettersteinmassiv bietet sich von der Ruine der Burg Werdenfels aus. Sie liegt nordwestlich von Garmisch knapp hundert Meter über der Gemeinde.
Die Burg war bis zum Anfang des 17. Jahrhunderts Verwaltungsmittelpunkt des Werdenfelser Landes. Der Landstrich lieferte dem Bistum Freising neben Wildbret auch Holz und Marmor. Gegen Ende des 17. Jahrhunderts diente die Burg allerdings nur mehr als Steinbruch – unter anderem für die Pfarrkirchen in Farchant und Garmisch.

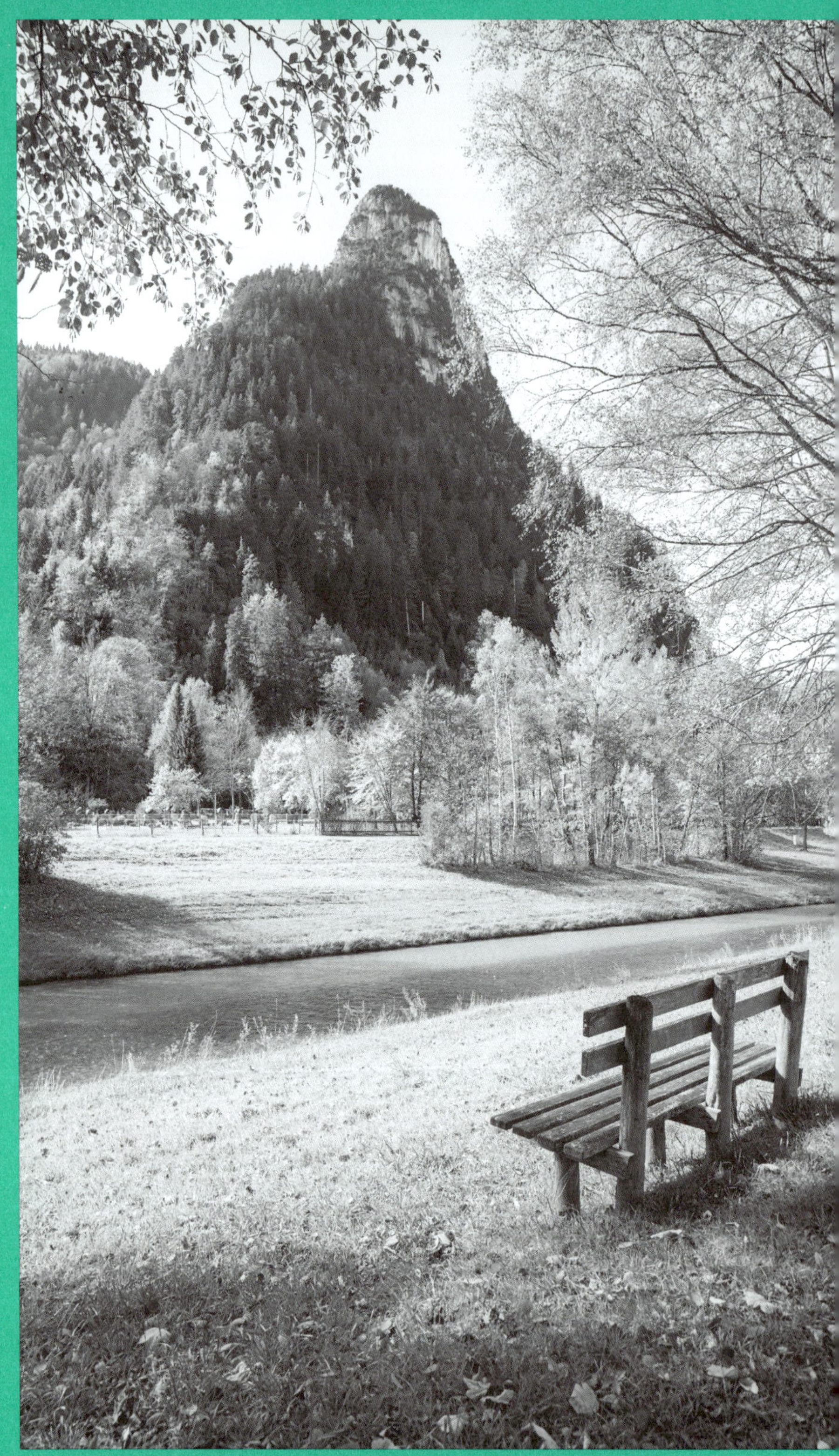

Kofel × Oberammergau

Frommer Krach

Intimer kann ein Gast wohl mit Oberbayern nicht werden. Oberammergau! Passionsspiele! Ettal, Linderhof, weniger als eine halbe Autostunde entfernt. Hier packt einen ganz unvermittelt der Furor urbayerischer Frömmelei, das lodenschwere Zipfelmützentum, das Stammpersonal des Voralpenlands als ehrwürdiger Herrgottsschnitzer, Wirt und Christusdarsteller. Lieblos hingeschmierte Lüftlmalereien, Busparkplätze im Übermaß, das Festspielhaus. Alle zehn Jahre dasselbe Gedränge der Nonnen, der bayerischen Erstkommunionsmütter und all jener Schlachtenbummler auf dem globalen Feld der Massenhypnosen, seit 2014 mit dem Segen der Weltkulturorganisation der Vereinten Nationen. Jesus Christ Superstar!
Es passt ganz gut, dass mitten im Ort einer der lautesten und derbsten der bayerischen Literaten in einer Kammer im Wirtshaus seiner Mutter am 21. Januar 1867 seinen ersten Schrei getan haben muss. Mit seinen wütenden Ausfällen gegen den preußischen Militarismus unter Wilhelm II., mit seinem geschliffenen Spott gegen die Großkopferten und seinen kenntnisreichen Schilderungen bayerischen Landlebens schrieb sich der studierte Jurist und Wirtssohn Ludwig Thoma in das Herz der Bauern und Dorfschulmeister am bayerischen Alpenrand. Noch heute halten sie ihm die Treue. Noch heute feiern sie ihn samt seiner „Lausbubengeschichten", dem „Münchner im Himmel" oder der „Heiligen Nacht" als Geschenk an das bayerische Heimatland. Bayerische Provinzgymnasien tragen seinen Namen.

Und das, obwohl längst klar ist, dass Thoma ein verbissener Feind der Demokratie war und die Kolumnen, die er unter Pseudonym seit 1920 für den Miesbacher Anzeiger schrieb, vor antisemitischem Hass triefen. Einer von Thomas begeistertsten Lesern in dessen letzten beiden Lebensjahren war ein ehemaliger Propagandaagent der Münchner Reichswehrverwaltung: der gerade aufstrebende Münchner Bierhallen-Agitator Adolf Hitler.
Thomas Geburtshaus steht mitten in Oberammergau. In die Wirtsstube ist, wie sollte es anders sein, inzwischen eine Herrgottsschnitzerei eingezogen. Im Schaufenster lungern die hölzernen Madonnen- und Erlöserfiguren im Dutzend herum. Darüber lärmt in besagter Lüftlmalerei die immer gleiche bayerische Seligkeit: ein Bierfass, ein Geflügelgrill, die Blasmusik samt weiß-blauer Blechtrommel.
Die Landschaft um den Ort ist dabei nicht ohne Reiz. Von Norden kommend, dem Lauf der Ammer folgend, öffnet sich hier noch einmal ein ruhiges Tal. Im Süden wacht eine erste Kette der Kalkalpen über den Zugang zu einem Geflecht von Tälern, Schluchten und Pässen, das seit jeher das nördliche Italien mit dem oberbayerischen Raum verbindet. Eine Schwelle zu diesem Raum markiert der Kofel, eine Felskanzel, die unmittelbar südlich des spießigen Treibens rund um die Oberammergauer Ortsmitte aus den steil ansteigenden Fichtenwäldern bricht.
Die Ammer windet sich in einem Bogen aus dem Tal am Fuß des Kofel ein paar Kilometer in Richtung Osten. Bevor sie weiterfließt und kurz vor München mit ihren Wassern den Ammersee speist, hinterlässt sie hier in der Umgebung von Ober- und Unterammergau einige sumpfige, moorartige Wiesen.
Der Weg auf den Kofel ist eine lohnende Wanderung – nicht nur, um den frommen Krawall zu seinen Füßen zurücklassen zu können. Der steile Anstieg über Serpentinen verlangt einiges an Kondition und auch das letzte Stück mit seinem kurzen, ausgesetzten, nur mit einem Stahlseil

gesicherten Steig fordert Trittsicherheit und eine gewisse Furchtlosigkeit beim Hunderte Meter über Felsklüfte frei abwärts stürzenden Blick auf Kirchtürme und ziegelrote Hausdächer.
Oben dann ordnet sich die Landschaft neu. Die dunklen waldigen Hänge im Norden lassen zwar eine großzügige Öffnung in Richtung bayerisches Voralpenland zu, grenzen aber das Tal mit seinem Fluss in der Mitte deutlich ab. Nach Südosten hin verengt es sich, bevor es in schmalen Auen und Wiesen nach Süden und Ettal weiterführt. Unmittelbar am Fuß des Kofel springt noch einmal ein niederer Hügelzug bis an das Ammerufer vor.

Der Döttenbichel, wie dieser bewaldete Kalkfelsrücken genannt wird, war Zeuge einiger wichtiger historischer Ereignisse. In den 90er-Jahren fielen hier einem Oberammergauer Holzschnitzer und Hobbysondengänger einige römische Waffen und Münzen in die Hände, die er in Folge vom bayerischen Landesamt für Denkmalpflege begutachten ließ. In den Jahren danach gruben Archäologinnen und Archäologen dort weit über 10 000 einzelne Fundstücke aus, deren Entstehung bis in die Eisenzeit zurückreicht.
Den Döttenbichel müssen in den Jahrhunderten vor Christi Geburt lokale Stämme – allem Anschein nach Räter – als Kult- und Brandopferplatz genutzt haben. Unter der Nase des Kofel brachten sie ihren Göttern die Waffen ihrer Gegner dar. Das zumindest legen Schwerter und Pfeilspitzen nahe, die wohl wissentlich und in großer Zahl unbrauchbar gemacht und teilweise ins Feuer geworfen wurden.
Das Tal war Teil der römischen Provinz Rätien und dennoch deuten die Funde am Döttenbichel darauf hin, dass die Römer um Oberammergau kein einfaches Spiel mit den heimischen Stämmen gehabt haben müssen. Zumindest fanden sich unter den ausgegrabenen Stücken zahllose

Schuhnägel, Pfeilspitzen und Münzen römischer Legionen. Wie es aussieht, war hier um 15 v. Chr. unter anderem die 19. Legion aus Rom durchgezogen, bevor diese 23 Jahre später im Teutoburger Wald während der Varus-Schlacht aufgerieben wurde. In den Wiesen der Umgebung fanden sich etliche römische Heringe, mit denen die Streitkräfte vor Ort ihre Zelte im Oberammergauer Boden befestigt hatten.
Bei dem Feldzug 15 v. Chr. müssen die Römer in der Nähe des Döttenbichel auf rätische Krieger gestoßen sein. Die Räter unterhielten dort oben offensichtlich ein kultisches Heiligtum, in das sie sich beim Angriff der römischen Legionen zurückgezogen hatten. Die Krieger waren der Streitmacht aus dem Süden unterlegen. Dennoch müssen sie nach deren Abzug aus dem Tal die Pfeilspitzen und Waffen ihrer Gegner eingesammelt haben, das Metall der Pfeilspitzen verbogen und in Form von Brandopfern ihren Göttern dargebracht haben. Der Döttenbichel blieb nach diesen Aufräumarbeiten über Jahrzehnte noch eine Kultstätte.
Bei Pürschling nahe Unterammergau entdeckten Archäologinnen und Archäologen zudem an einem Kalksteinfelsen rätische Inschriften. Rätische Stämme waren offensichtlich nicht nur westlich von hier in den Alpentälern zuhause, sondern sind auch am Alpenrand im westlichen Oberbayern anzutreffen gewesen. Allerdings blieb diese Inschrift bisher der einzige Nachweis dieser Art in Bayern.

Etwas unterhalb des Kofelgipfels steht ein hölzerner Verschlag. Im Türrahmen hängt ein schmutziger Stofffetzen mit den weiß-blauen Rauten. Die Hütte füllt zum größten Teil ein langer Holztisch mit zwei ebenso langen Bänken. An der Stirnseite des Tisches hat ein Scherzbold eine Kopie des sattsam bekannten Staatsporträts Ludwig II. in der Uniform eines bayerischen Generals aufgehängt. Das Porträt muss kurz nach der Thronbesteigung gemalt worden sein. Gertenschlank blickt der eingebildete Sonnenkönig aus seinem Bilderrahmen in die muffige Bretterbude herab. Man lässt ihn in Ruhe, der Abstieg in das Herrgottsschnitzer- und -darstellerdorf wird beschwerlich genug und die Geschichte des irren Wittelsbachers ist besser an anderer Stelle erzählt.

INFO

Anreise: Von München aus die Autobahn in Richtung Garmisch bei Oberau verlassen und den Schildern in Richtung Ettal und Oberammergau folgen.
Über Murnau gibt es auch eine Zugverbindung nach Oberammergau.
Der Kofel wacht unübersehbar am Eingang des Ammertals. Ein wenig der Ammer flussaufwärts folgen. Am Oberammergauer Friedhof beginnt ein gut ausgeschilderter Wanderweg zum Gipfelkreuz. Die Tour dauert etwa drei Stunden. Auch wenn der Kofel nicht besonders hoch ist, für den oberen Abschnitt bedarf es der Trittsicherheit und Schwindelfreiheit.

Sehenswert: Im Oberammergau Museum wird eine große Zahl der Funde vom Döttenbichel und der verschiedenen Römerlager an der Ammer ausgestellt. Wer Spaß daran hat, kann sich auch im Museum mit der Geschichte und Technik des Schnitzhandwerks beschäftigen: Tausende Krippenfiguren, aber auch Holzspielzeug und moderne Holzbildkunst sind im Museum ausgestellt. Immer wieder können sich die Besucherinnen und Besucher selbst am Werkstoff Holz ausprobieren.

Oberammergau Museum
Dorfstraße 8, 82487 Oberammergau
Tel.: 0049-8822-9 41 36
www.oberammergaumuseum.de
museum@gemeinde-oberammergau.de
Öffnungszeiten: Di–So 10–17 Uhr

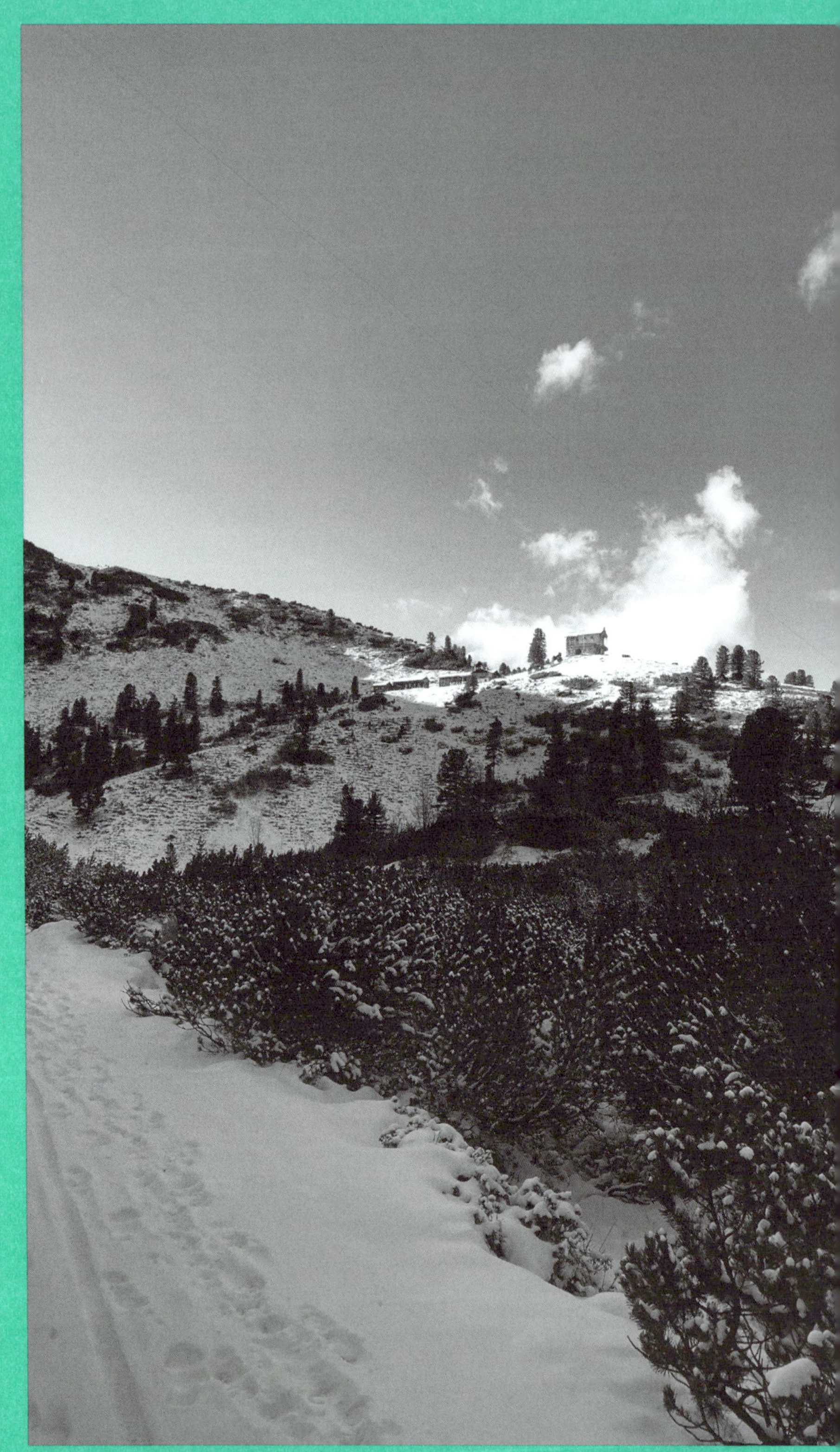

Königshaus am Schachen

Lustschlösser

Über Geschmack lässt sich streiten, über Blattgold in der Inneneinrichtung, Zimmerspringbrunnen und allerhand rot gepolsterte Sitzmöbel. Aber lassen wir das für einen Augenblick. Bleiben wir vor der Tür und blicken auf das schroffe Grau der Felswände. Ende Oktober liegt hier bereits der erste Schnee auf den kahl gefressenen Almmatten, die sich knapp oberhalb der Baumgrenze rund um das Schachenhaus noch einmal in ruhigen Wogen auf und ab schwingen. Die ins Tal zurückweichenden Fichten und Kiefern öffnen das Panorama hinab ins Reintal, das mitten im Wettersteinmassiv sacht nach Westen hin hinaufführt zu den ausgedehnten Geröllfeldern unterhalb des Zugspitzgipfels. Nach Norden hin, vorbei an Alpspitze und Hochblasen, beruhigt sich die aufgewühlte Gebirgslandschaft mit den Auen der Loisach und den Orten Garmisch und Farchant.

Eine freie Landschaft, in der das Weite in Szene gesetzt wird, indem der abweisende Fels vermeintlich unüberwindbar die Grenzen vorgibt. Der Mensch thront gefesselt nur durch die Schwerkraft auf dem unwirtlichen Stein und ist mit seinen Blicken und dem Herzen doch dem Himmel weit näher als dem kleinteiligen Gewirr aus Forststraßen, Schluchten, Tälern und fingernagelgroßen Äckern weit unterhalb seines Horizonts. Jeder dieser Blicke erkennt Freiheit, und aus dieser Freiheit entsteht Macht.

Weniger, weil man spüren könnte, wozu der eigene Körper fähig ist. Die schweißtreibende Tour vom Garmischer Bahnhof zum Schachen dauert gut und gerne fünf Stunden. Sie steigt eindrucksvoll durch die Partnachklamm und über steile Trampelpfade bergan, bis der Weg auf dem letzten Stück schließlich in die Forststraße mündet, die als Schachen- oder Königsweg in den Karten eingezeichnet ist und von Elmau hier heraufführt. Jenem Elmau, in das die Bundesrepublik Deutschland gerne die Staatenlenker der bedeutendsten Industriestaaten zu ergebnisfernen Tagungen einlädt. Jenes Elmau, das dann jedes Mal über Wochen mit Stacheldraht, Straßensperren und Zigtausenden von Polizistinnen und Polizisten vom Rest der Welt abgetrennt wird.

Der Königsweg wurde seinerzeit tatsächlich von jenem Posterboy bayerischer Tourismusverbände und Landratsvorzimmer, Ludwig II., regelmäßig benutzt. Meist nachts ließ sich der versponnene Eigenbrötler in offener Kutsche hier heraufziehen. „Die Gartenlaube" – wenn man so will, ein Urahn der heutigen Regenbogenpresse – berichtet im Frühjahr 1886 von einem solchen Aufzug des Bayernkönigs und seines Hofstaats:

„In beträchtlicher Anzahl tragen sie mit Hülfe ihrer Traggestelle – ‚Kraxen' – auf ihren starken Schultern unglaubliche Lasten von Koffern, Kisten und Rundkörben, den ganzen Apparat des königlichen Umzugs. Das Gepäck wird bis zur Elmau gefahren, und dort erst an die Träger vertheilt. Immer wieder begegnen wir Nachzüglern des Zuges, der, je höher er ansteigt, desto länger wird; denn die Schwächeren bleiben zurück oder ruhen an der Berglehne aus, neue Kräfte zu sammeln; die Rüstigeren streben vorwärts, um bald wieder zu den Ihrigen heimzukehren. Längst ist der letzte der Träger an uns vorbeigekommen; die Schatten der Nacht breiten sich bereits über die Wälder aus, und das Licht des Mondes beginnt schon unsicher zwischen dem Gezweige der Tannen herumtastend, auf dem Moosboden weiterzugleiten und den Kiespfad zu erhellen, auf dem wir abwärts schreiten. Eine dunkle Masse steigt auf demselben herauf uns entgegen. Es ist das Gefährt des Königs. Wir treten zur Seite unter die Tannen, den schmalen Weg frei zu lassen. Von einem kräftigen Gebirgspferd gezogen, das ein Hoflakai, nebenhergehend, an der Hand leitet, wird langsam der niedrige, zweirädrige Wagen vorbeigezogen, dessen sich der König für diese Fahrt bedient. Die kränklichen, aber edel geschnittenen Züge des jungen Monarchen, von dunklem Haare eingerahmt, erscheinen im Lichte des Mondes von geisterhafter Blässe."

Es ist der richtige Zeitpunkt, den Blick von der eindrucksvollen Bergkulisse abzuwenden und sich dem eigentümlichen Holzbau auf der Schachenkuppe anzunehmen. Im Vergleich zu den niederen Hütten der Schachenalm, die sich rückwärts in eine Senke ducken, wirkt das zweigeschossige Gebäude mitten auf einer Hügelkuppe eigentümlich fremdartig. Freilich, es ist aus Holz und die Fensterläden im Erdgeschoss wirken hinreichend rustikal. Doch ruht das Obergeschoss auf derart filigranen Ständern, die sich zu allem Überfluss oberhalb des Balkons auf der Nordseite

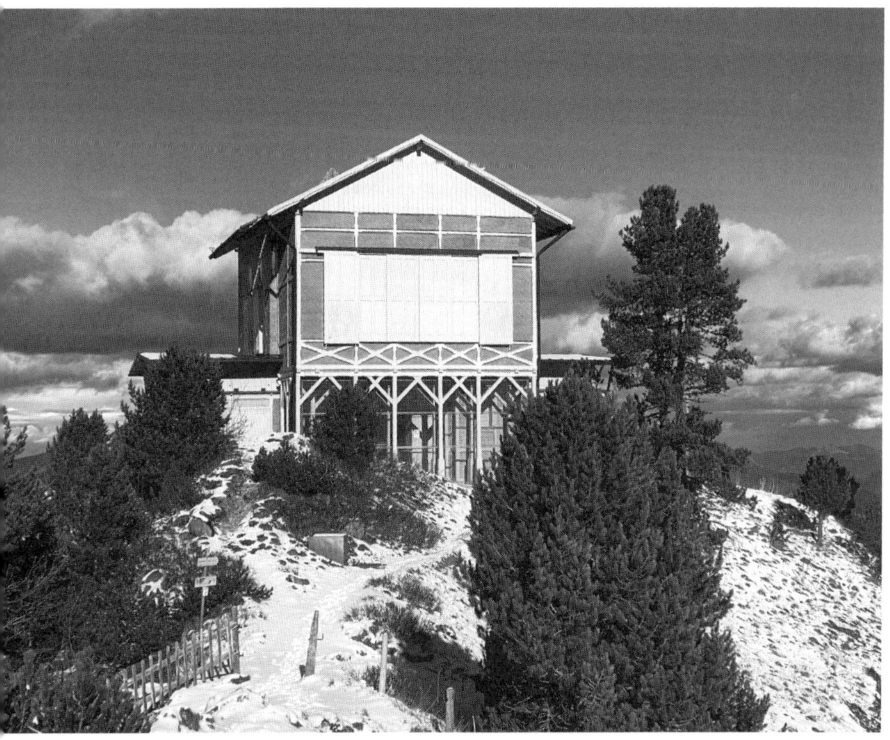

weit über den Dachfirst hinaus zu einer Art Blütenschmuck auswachsen. Zudem kehrt der erste Stock des Hauses die Proportionen des Gebäudes um: Hocken die ebenerdigen Bauteile noch für das hochalpine Gelände erwartbar niedrig auf dem gräsernen Almrücken, so drängt dessen obere Etage rücksichtslos in die Höhe. Ein Eindruck, den die drei mannshohen Fenster auf der Südseite erheblich verstärken.

Der Schriftsteller und Historiker Felix Dahn ist mit Ludwig hier oben 1873 zusammengetroffen. In seinen Lebenserinnerungen hat er den denkwürdigen Nachmittag auf dem Schachen festgehalten: „Er war zu dick geworden, die fahle Gesichtsfarbe war nicht hübsch, das Fehlen mehrerer Zähne entstellte ihn beim Sprechen und machte das Verstehen der hastig herausgesprudelten Worte noch schwieriger."

Wie jeder Gast im Schachenhaus heute konnte Dahn damals seinen Augen kaum trauen, als er die enge Wendeltreppe aus dem zirbenholzgetäfelten Erdgeschoss in das Obergeschoss gestiegen war: „Das Zimmer, achteckig (glaub' ich), war mit überwältigender Pracht in orientalischem Stil eingerichtet und geschmückt: obwohl draußen heller Tag leuchtete – Mitte August, 4 Uhr Nachmittag – waren doch alle Läden geschlossen und eine geradezu blendende Fülle von Licht strömte aus zahlreichen Wand-Lampen in weißen geschliffenen Kugeln auf mich ein."

Ludwig hatte in einer britischen Zeitschrift wohl Bilder einiger Palasträume der osmanischen Herrscher des 18. Jahrhunderts am Goldenen Horn entdeckt und ließ sich davon bei der Innengestaltung seiner Berghütte inspirieren: Zimmerspringbrunnen, Kandelaber und monströse Leuchter, Gold, Rot, plüschige Polster, Orientteppiche und überschwere Vorhänge.

Unweigerlich stellt sich die Frage, was in diesem Raum wohl stattgefunden haben mag. Unter den Kastellanen der bayerischen Königsschlösser, genauso wie im Haus der Bayerischen Geschichte gibt man sich verkniffen und dünnlippig: Der König wäre halt recht menschenscheu gewesen und liebte es recht abgeschieden. Seinen Geburtstag hätte er alljährlich hier oben gefeiert. Mit Dienern, die ihm zuliebe in orientalischen Livreen auf den Seidenteppichen herumsprangen. „Solche Staffagen stammten aus der im 19. Jahrhundert sehr beliebten Tradition der ‚Lebenden Bilder'. Die Orientbegeisterung des 19. Jahrhunderts brachte viele Raumschöpfungen hervor. Dieser Saal aber – mitten im Hochgebirge – ist einzigartig und nur bei König Ludwig II. vorstellbar", heißt es etwa bei der Bayerischen Schlösser- und Seenverwaltung.

Ludwigs eigene Zeit war dem verdrucksten Gestammel der Kastellane von heute weit voraus: In München war das Treiben des Königs auf dem Schachen genauso wie in der Hundinghütte im Schlosspark von Linderhof Wirtshausgespräch. Um einer Anklage wegen Majestätsbeleidigung zu entgehen, erzählte man sich damals die Geschichten vom Herrn Huber und was der in der Abgeschiedenheit der Alpentäler mit seinen Stallburschen so trieb.

„Wie bei den Trinkgelagen muss es hierbei zuweilen etwas gar zu formlos hergegangen und das Faustrecht ganz an die Stelle der Hofetiquette getreten sein. Wurde doch einmal S.M. selbst in eine Ecke des engen Raumes geschleudert von einem der Bärenhäuter, welchen er einen Beweis Allerhöchster Ungnade in Form einer Ohrfeige eigenhändig hatte zukommen lassen. Hornig erzählte auch, da der König von besonders wohlgestalteten Soldaten Tänze aufführen ließ, bei welchen gar kein Kostüm sogar dem maurischen vorgezogen wurde", berichtet etwa der Verwaltungsbeamte Gottfried von Böhm über das Gerede.

Ludwig II. war homosexuell. Der König war ein „Spinatstecher", wie es spätestens 1866 offiziell festgehalten wurde, als eine Affäre Ludwigs mit einem Lakaien des königlichen Reitstalls vor einem Münchner Gericht landete. Dank Ludwigs handschriftlichen und äußerst detaillierten Anweisungen an seinen Diener Karl Hesselschwerdt ist sogar bekannt, welchen

Männertyp der Monarch bevorzugte: kräftig, bärtig und auch sonst mit üppiger Körperbehaarung. Hesselschwerdt, so etwas wie Ludwigs Mann fürs Grobe und Pikante, wurde immer wieder beauftragt, in Armee und Hofdienst befreundeter Häuser geeignete Kandidaten für die Lustbarkeiten in den bayerischen Schlössern ausfindig zu machen und nach München zu lotsen. Selbst über die Beschaffenheit und Gestalt der Geschlechtsteile der Kandidaten musste Hesselschwerdt seinem Dienstherrn dabei Bericht erstatten.

1886, in Ludwigs Todesjahr, wird es den bayerischen Ministern in München jedoch zu bunt: „Es ist ebenso wahr als bedauerlich, daß der Aufenthalt einer Mehrzahl von Reitersoldaten am Königlichen Hoflager allenthalben besprochen und im Sinne eines unsittlichen Verhältnisses gedeutet wird. Da der Schein für die spricht, die in solchem Sinne sich äußern, wird kein Dementi Abhilfe bringen: Entfernung der Soldaten für alle Zeit allein kann Abhilfe schaffen", so schreiben sie dem König wenige Wochen vor dessen Ende im Starnberger See.

Das Problem für die Minister war dabei weniger Ludwigs exaltiertes Treiben hinter den Bergen. Für die Münchner war es schlicht unhaltbar geworden, dass der bayerische König sich weder regelmäßig in seiner Landeshauptstadt zeigte noch seinen repräsentativen Pflichten dort nachkam. Ganz abgesehen davon, dass der von Ludwig vor wenigen Jahren begonnene Nachbau des Schlosses Versailles auf der Herreninsel im Chiemsee zu einem ernsten Risiko für die bayerischen Staatsfinanzen geworden war.

Der Rest der Geschichte ist bekannt – oder eben nicht. Der verträumte Monarch ertrank entmündigt 1886 im Starnberger See. Vor seiner Entmündigung muss er noch den Befehl gegeben haben, alle seine Schlösser, das Königshaus auf dem Schachen eingeschlossen, in die Luft zu sprengen. Er muss geahnt haben, was aus seinen Bauten werden würde:

So beschwerlich der Weg auf den Schachen ist, selbst das unbekannteste der Traumschlösser Ludwigs zieht heutzutage alljährlich mehrere tausend Besucherinnen und Besucher an.

INFO

Aufstieg: Der Besuch des Schachenhauses lässt sich gut mit einer Tour auf die Zugspitze über mehrere Tage verbinden. Wer nicht über die Partnachklamm von Garmisch aufsteigen will, dem bleibt der alte Königsweg, der oberhalb des Hotels im Schloss Elmau beginnt. Dort finden sich auch ausreichend Parkplätze.
Wer mit dem Zug anreist, der sollte die Tour vom Bahnhof Garmisch-Partenkirchen beginnen, dorthin fahren stündlich Züge aus München.
Die Tour auf das Schachenhaus dauert knapp einen Tag und entsprechend gute Kondition ist für sie erforderlich. Der Weg über die Partnachklamm und den Kälbersteig kann bei schlechter Witterung durchaus anspruchsvoll werden.

Öffnungszeiten: Das Königshaus ist nur im Sommer, in der Regel von Anfang Juni bis Anfang Oktober, geöffnet. Zu anderen Zeiten bleiben das Königshaus und die benachbarte Almhütte geschlossen. Eine Besichtigung ist nur im Rahmen einer Führung möglich. Meist finden sie vormittags um 11 Uhr, und nachmittags um 13, 14 und 15 Uhr statt. Es empfiehlt sich, vor allem an den Wochenenden rechtzeitig am Schachen einzutreffen, da nur Gruppen von höchstens 30 Leuten Einlass finden. https://www.schloesser.bayern.de/deutsch/schloss/objekte/schachen.htm

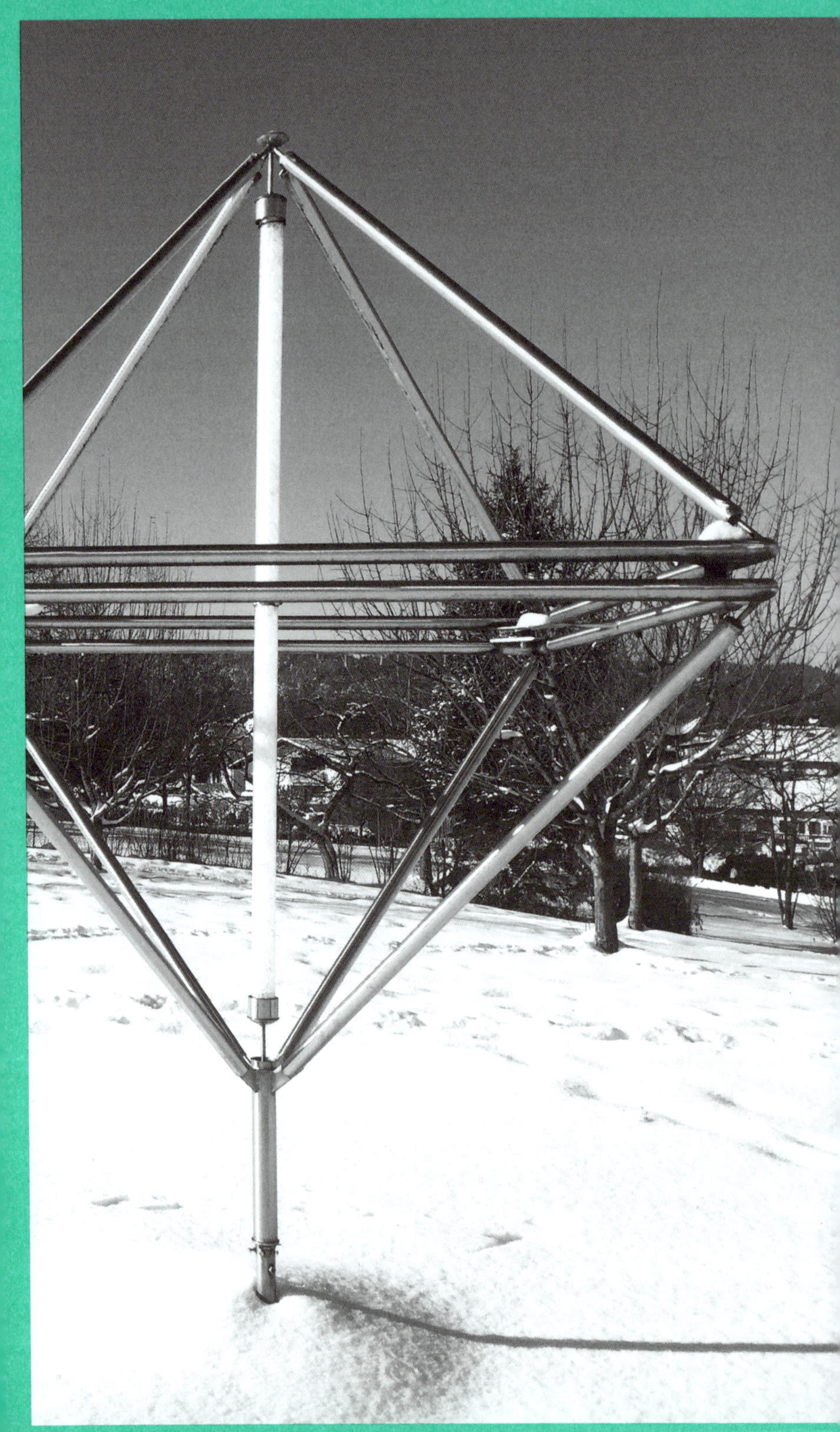

Geomantie-Lehrpfad × Bernau

Mit Wünschelrute beim Dorfwirt

Bernau ist eine der Gemeinden am südlichen Chiemseeufer. Ihr Hausberg ist der markante Gipfel der Kampenwand, der von hier aus nach einer mittelschweren Bergtour erreichbar ist. Der Ort liegt leider unmittelbar an der viel befahrenen Autobahn A8, über die das nördliche Europa sommers in den Süden und winters zum Skifahren in die österreichischen Alpen fährt. Das Bernauer Seeufer beherrschen Wohnmobilpiloten und Familienväter, die ihrer Brut vor der nächsten Etappe über den Alpenhauptkamm ein schnelles Bad im Chiemsee gönnen wollen. Die niederen Sachzwänge der Kommunalpolitik verschafften in den vergangenen Jahren den beiden Autobahnausfahrten in Bernau und Felden ein paar Verkaufshallen, von ihren geschäftigen Planern „Outlet-Stores" genannt. Wen das Shoppen eher kalt lässt, dem bleibt bei der Reise über die A8 von Bernau vermutlich nur die Abfahrt über den Bernauer Berg mit dem spektakulären Ausblick über das gesamte Chiemseebecken in Erinnerung.
Einen eigenen Reiz entwickelt das Dorf für den, der bereit ist, sich auf die kleine Gemeinde einzulassen. Dabei ist sie nicht zu übersehen: Die Kirche mit ihrem etwas klobigen Turm an der Westwand des Kirchenschiffs thront auf einem Hügel mitten im Ort. Im Vergleich zum andernorts üblichen bayerischen Barock ist der Saalbau mit seinem Satteldach ein eher pragmatisches Gebäude aus der Zeit zwischen den beiden Weltkriegen. Wer zur Kirchenpforte will, steigt über die eindrucksvolle Freitreppe unter der alten Dorflinde meist am Alten Wirt vorbei hinauf.

Es lohnt sich ein Blick auf die Lüftlmalereien an der südlichen Stirnseite des alten Wirtshauses mit seiner über 500 Jahre alten Tradition. Die Gemälde zeigen König Maximilian I., der 1504 – so erzählt man es hier schon den Schulkindern – auf der Durchreise in der Wirtschaft übernachtet haben soll. Der künftige deutsche Kaiser muss Ende Oktober 1504 tatsächlich über das Priental von Kufstein kommend mit seinem Heer durch den Ort gezogen sein. Zu dieser Zeit tobte im gesamten südostbayerischen Raum der Landshuter Erbfolgekrieg. Zwei Wittelsbacher aus den Linien Bayern-Landshut und Bayern-München waren sich im Streit um das Erbe eines Landshuter Fürsten in die Haare geraten. Ein Erbe, das den gesamten Chiemgau umfasste. König Maximilian sah in dem Streit seiner beiden Wittelsbacherfürsten eine willkommene Gelegenheit, als lachender Dritter vom Felde zu ziehen, sollte es ihm gelingen, große Teile des Inntals als wichtige Alpentransitroute unter die Herrschaft seiner Habsburger-Dynastie zu bringen.

Deshalb zog er jenen Herbst im Jahr 1504 von Rosenheim kommend mit seinem Heer durch Bernau, um tags darauf gleich hinter dem Dorf etwa 5 000 aufständische Bauern niederknüppeln zu lassen und schließlich die Burg Marquartstein seiner Herrschaft einzuverleiben. Maximilians Heer brannte im Nachbarort Rottau sieben Häuser nieder, genauso die Kirche. Die überlebenden Bauern flohen nach dem Scharmützel ins Gebirge. Es „geschach vill Schaden“, wie die seinerzeit amtierende Äbtissin Ursula Pfäffinger in den Annalen des Klosters Frauenchiemsee über die Schlacht am Klaushäusl festhielt. Den Kindern in der Grundschule erzählt man heute, Bernau wäre das traurige Schicksal der Rottauer Nachbarn nur deshalb erspart geblieben, weil der kluge Bernauer Tavernwirt damals dem durchziehenden König Maximilian ein ordentliches Bier ausgegeben habe. Und tatsächlich zeigt die Malerei über dem Eingang zum Wirtshaus einen Bierkutscher, der für eine Gruppe berittener Soldaten, angeführt von

einem Herrn in königlichem Putz, über zwei Latten ein stattliches Fass von seinem Wagen rollen lässt.
Unmittelbar gegenüber von Kirche und Wirt liegt das Bernauer Bonnschlössl. Benannt ist das Haus nach Ferdinand Bonn, einem Stummfilmstar, der 1913 in der allerersten Verfilmung des verkorksten Lebens Ludwig II. als romantisch verblasener Bayernkönig auftrat. Bonn hatte den alten Hof, der bereits gut tausend Jahre an der Stelle des heutigen Hauses stand, 1910 von seiner zweiten Frau geerbt und in die heutige Gestalt gebracht. Es gehört heute einer Bernauer Metzger- und Wirtsfamilie und damit ebenso zum dörflichen Imperium des „Alten Wirts".

Hinter dem Schloss beginnt der Bernauer Kurgarten: ein hügeliges Gelände mit eindrucksvollem altem Baumbestand. Der Kinderspielplatz und die Minigolfanlage mit dem kleinen Bachlauf im südlichen Abschnitt sind erst in den letzten Jahren entstanden. Der eigentliche Kurpark beginnt dann nördlich der sorgfältig gepflasterten Straße, die an der Aufbahrungshalle vorbei auf den Hügel mit der Kirche, dem Schlössl und letztlich wieder an die Kreuzung mit dem Wirt führt.
Im Park führen gekieste Wege durch akkurat gemähte Rasenflächen. Dort, wo der Hügel in Richtung Rathaus ausläuft, steht der Pavillon für die Musikkapelle. Im Sommer trifft sich hier die Bevölkerung für Feste wie sie in der Gegend seit jeher üblich sind, samt Bierbank, Blasmusik und Steckerlfisch. Im Winter üben die Allerkleinsten unter den wachsamen Augen ihrer Mütter die ersten Schwünge mit Skiern oder nutzen den sanften Abhang für ein wenig Rodelvergnügen.
Mitten auf dem Hang steht seit 2001 eine vier Meter hohe Skulptur aus Edelstahlrohren. Ein Schild nebenan auf dem Rasen erklärt den Stahlrohrständer zu einer „Energie-Doppelpyramide". Sie ist der Mittelpunkt des Bernauer Lehrgeländes für das Wünschelrutengehen, Radioästhesie und

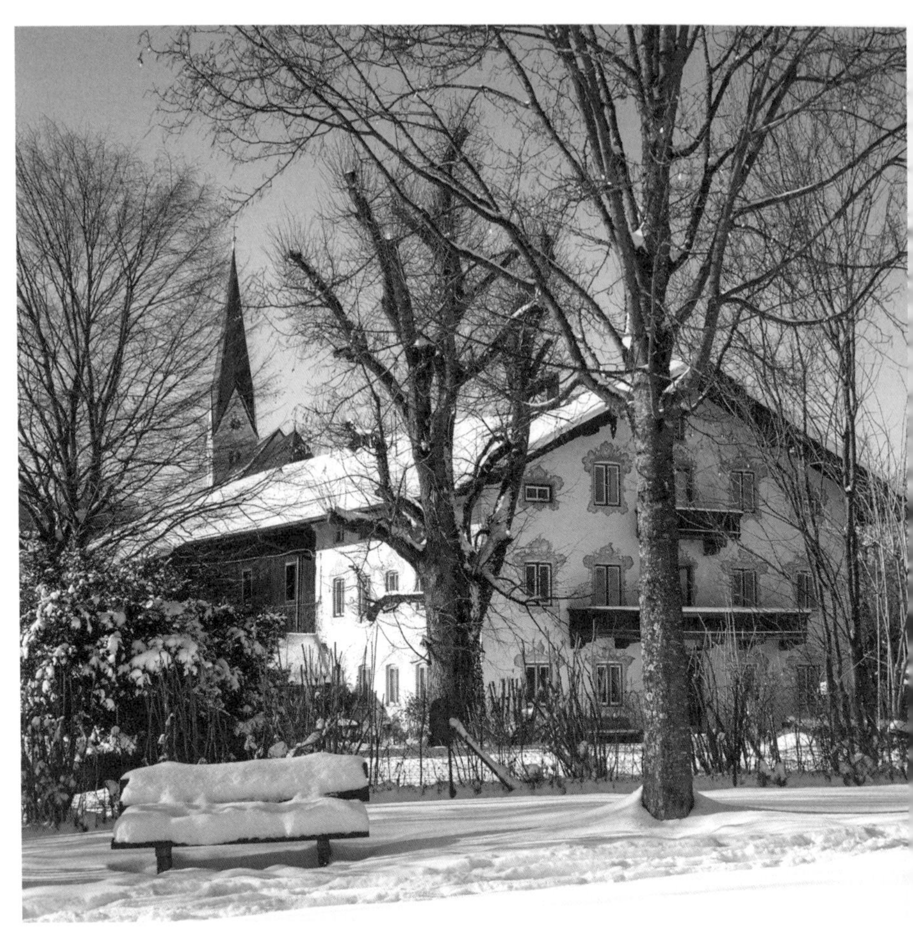

sonstige kosmische Sondengängerei. An weiteren Stellen im Park weisen Pflastersteine und andere Markierungen auf Wasseradern, Hartmanngitter, Currygitter, Kuben- und Benkergitter, geologische Verwerfungen, Ley-Linien, Sommersonnwendpunkt und Wasser- und Gitterkreuzungen hin.

Auf Grund und Boden der Gemeinde hat eine Interessengemeinschaft von Wünschelruten-Fans zu Beginn des neuen Jahrtausends die Ausstattung dieser Anlagen übernommen und bietet dort nun neben Einführungskursen auch regelrechte Ausbildungseinheiten in der jahrhundertealten

Kunst des Rutengehens an. Gesucht wird dabei weniger nach Wasseradern für den Brunnenbau, vielmehr sollen die Teilnehmenden ihre Sinne schärfen, um Störungen im Energiegitternetz der Erde aufzuspüren. Mithin, so wird behauptet, sei dies eine Ursache für schwere Erkrankungen. Die Gemeinde bietet diese Kurse auch auf der Seite ihrer Tourist-Information im Rathaus an.

Wie und ob überhaupt solche feinstofflichen Strahlen und Energien unser Leben und unseren menschlichen Organismus beeinflussen, ist lange schon Bestandteil auch seriöser wissenschaftlicher Forschung. Eine der aufsehenerregendsten Studien zu diesem Thema veröffentlichte der inzwischen emeritierte Physikprofessor Hans-Dieter Betz vor gut 30 Jahren. Im ersten Obergeschoss einer Scheune nahe München ließ er bei seinen Untersuchungen Rutengängerinnen und Rutengänger und solche, die sich dafür hielten, in einem streng wissenschaftlichen Experiment verborgene Wasseradern im Erdgeschoss aufspüren. Die Lage dieser Adern wurde während des Versuchs von seinem Team ständig verändert, sodass die Teilnehmenden ein Stockwerk darüber nicht wissen konnten, wo sich diese unter ihren Füßen befanden.

Sein erstaunliches Fazit: Auch wenn die Meisten in seinem Experiment kläglich versagten, so gab es tatsächlich Einzelne, die erstaunlich häufig die richtige Lage der Adern erspürt hatten. Nach Betz' Erkenntnissen mag zwar die Rutengängerei in den allermeisten Fällen esoterischer Hokuspokus sein, einzelne begabte Menschen jedoch besäßen unzweifelhaft die Fähigkeit, die Energie der Wasseradern mithilfe ihrer Wünschelruten aufzuspüren.

Dieses Münchner Scheunenexperiment eines durchaus anerkannten Naturwissenschaftlers, veröffentlicht in einem wissenschaftlichen Fachmagazin, sorgte damals international für einiges an Aufsehen und damit nicht nur in Oberbayern für einen regelrechten Boom in der Wünschelruten-Szene, der bis heute anhält.

In der Zwischenzeit machte sich eine amerikanische Universität daran, die statistischen Grundlagen der Untersuchung genauer unter die Lupe zu nehmen. Bei diesem genauen Blick auf die Daten der einzelnen Rutengänge auf dem Boden jener Scheune wurde schnell klar, dass während des Experiments zwar tatsächlich einzelne Teilnehmende überdurchschnittlich häufig richtig gelegen hatten. Allerdings in der Summe der über 10 000 Probengänge nivellierte sich die Trefferquote selbst des erfolgreichsten Rutengängers zur statistischen Bedeutungslosigkeit. Auf Grundlage des vorliegenden Datenmaterials wäre dieser mit seiner Trefferquote mindestens genauso erfolgreich gewesen, wenn er bei jedem einzelnen Probengang einfach in der Raummitte stehen geblieben wäre und behauptet hätte, die Ader befände sich dort unter seinen Füßen. Auch das war in einem anerkannten wissenschaftlichen Fachjournal nachzulesen.

Der Lehrpfad ist Teil des Bernauer Kurparks, der sich in östlicher Richtung an das Kirchengelände mit dem Friedhof anschließt. Er ist mit seinen neun Stationen mit verschiedenen geomantischen Phänomenen frei zugänglich. Regelmäßig finden hier auch Einführungskurse in das Wünschelrutengehen statt.

Anfahrt: Über die A8 - Ausfahrt Bernau und weiter in Richtung Bernau. Oder wahlweise mit dem Zug bis zum Bahnhof Bernau am Chiemsee.
An Ampel und Kreuzung an der Kirche ein Stückchen weiter in Richtung Rottau, bis nach etwa 150 Metern auf der linken Straßenseite ein Parkplatz auftaucht. Der Kurpark und der Lehrpfad beginnen dort gleich hinter Minigolfanlage und Kinderspielplatz.

Zur Stärkung: Unmittelbar an der Kreuzung liegt der Gasthof Alter Wirt. Ein Traditionshaus mit eigener Metzgerei und gepflegter bayerischer Küche. Es gibt sogar einen eigenen Biergarten auf Kies und unter Kastanien, nur liegt der leider unmittelbar an der überstrapazierten Durchgangsstraße.
Gasthof-Hotel Alter Wirt
Kirchplatz 9, 83233 Bernau
Tel: 0049-8051-9656990
info@alter-wirt-bernau.de; www.alter-wirt-bernau.de

Wünschelrutenkurs im Kurpark
Die Tourist-Info in Bernau veranstaltet von Mai bis September etwa alle 14 Tage abends einen Wünschelrutenkurs auf dem Geomantie-Lehrpfad. Die Termine finden sich auf der Webseite des Büros. Der Treffpunkt ist im Kurpark bei der Sitzgruppe am Kneippbecken.
Tourist-Info Bernau
Ferdinand-Bonn-Straße, 83233 Bernau a. Chiemsee
Tel.: 0049-8051-98680
tourismus@bernau-am-chiemsee.de
www.bernau-am-chiemsee.de

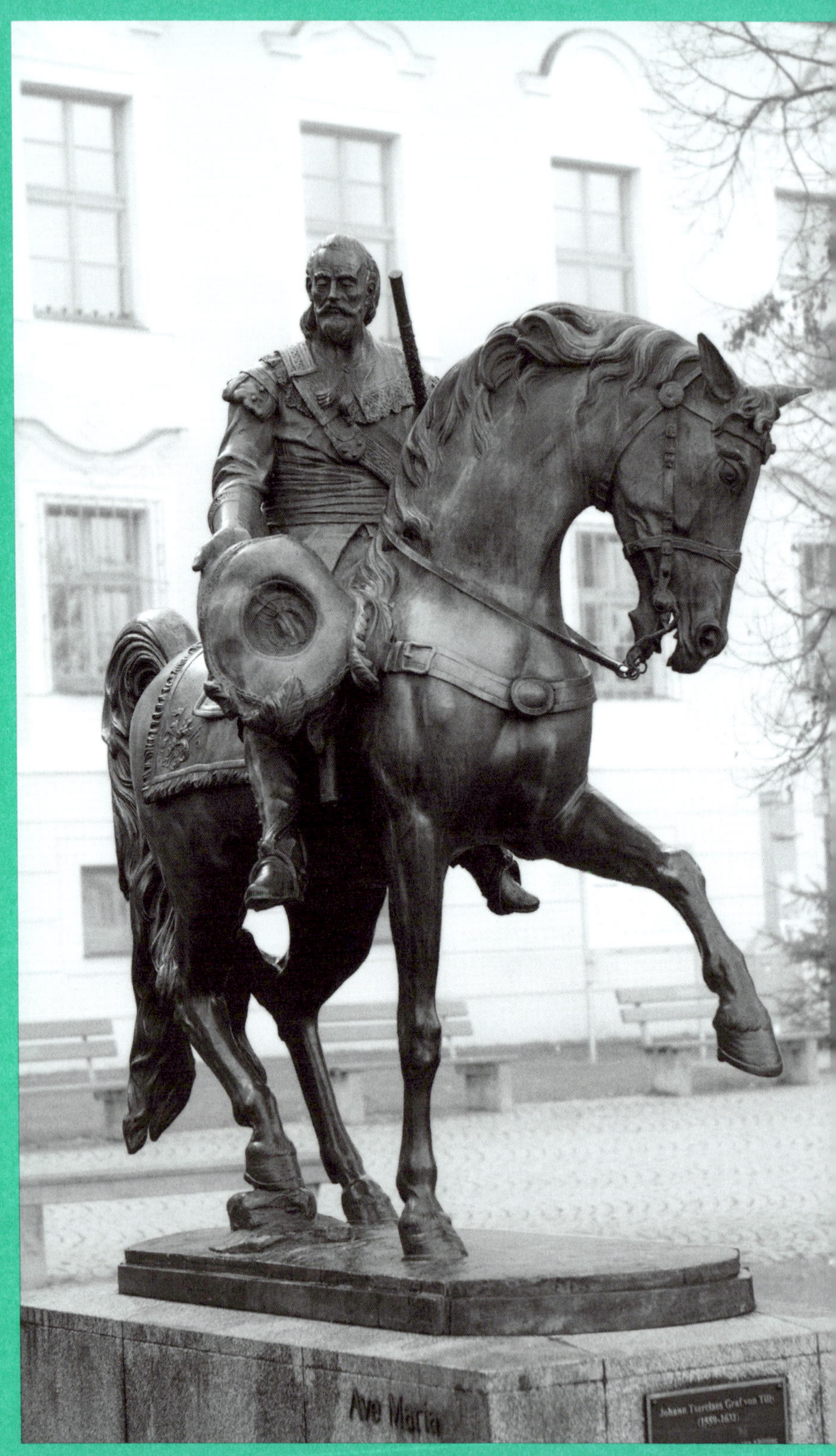
Ave Maria

Altötting

Maria hat geholfen

Kraftort Altötting. Freilich, was auch sonst. Das Herz Bayerns. Pilgerziel marienfrommer Päpste, bosnischer Autoschieber und ja, immer wieder auch der Bayerinnen und Bayern selbst. Niemand hat in Bayern seine Dorfjugend verbracht und stand nicht irgendwann, irgendwie im rußschwarzen Oktogon der Altöttinger Gnadenkapelle und blickte auf die ebenso kerzenrußgeschwärzten Holzpuppengesichter von Maria mit dem Jesuskind – die gerade noch silbern schimmernden Phiolen mit den Eingeweiden der Wittelsbacher im Rücken. Im Ohr den steten Fluss des Gemurmels frömmelnder Betschwestern und -brüder mit ihren Rosenkränzen. In der Nase den Geruch von Schweiß, Ruß und Mottenpulver in der lodenen Festtagstracht.

Der Schritt durch das kleine Türchen hinaus in den Laubengang, der rings um die Kapelle führt, ist auch heute noch wie eine Befreiung. Selbst wenn sich dort dann auf Tausenden Votivtafeln sofort das große und kleine Elend dieser Welt aufdrängen will. Naive, grell bunte Malereien, Fotos und Geschichten von brennenden Höfen, Autounfällen, Blitzeinschlägen, Krankenhausbetten und wild gewordenem Weidevieh, allesamt Unglücksfälle des menschlichen Lebens. Und alle haben eines gemeinsam: Sie sind am Ende glimpflich ausgegangen. Über allen Tafeln steht derselbe Schwur: Maria hat geholfen! Namentlich die rußschwarze Madonna aus der achteckigen Kapelle. Rings um die Kirche Elend und der immer gleiche Seufzer: Gerettet in höchster Not!

„Barbara ain dienerin des gräfinger webers zu praunau ist mit grossem mangl beladen gewesen in ir tag und nacht genagen gebissen gros aufgeschwollen angerueft mariam die zunckfrauen aus glüb von ir gangen 13 schlangen die ain ains mans arm lang und ander würm bey der leng oder mer. geschehen ano domini 1500" – auf dem Bild dazu würgt eine nackte junge Frau, bäuchlings auf dem Bett liegend, eine schwarze Schlange auf einen silbernen Teller, den ihr eine Nonne fürsorglich unter den Mund hält. Zwei Schlangen müssen der Nonne bereits vom Teller geglitten sein und stehlen sich gerade unter das Bett davon.
Ein Geselle eines Münchner Sporenschmieds, zur Strafe aufs Rad geflochten, mit zerbrochenen Gliedmaßen um die Hilfe der Muttergottes flehend: „nach solchem Gelüb genediglich erlöst und ledig worden, ist hir gewesen in den pfingstfeyertagen anno 1500."
Für all diejenigen, denen ein ähnliches Schicksal bisher erspart blieb, hält man im Laubengang um die Altöttinger Gnadenkapelle Holzkreuze bereit. Die drücken dann ein wenig den Pilgern auf den Rücken, während sie Runde um Runde an den Schrecken des Lebens aus Hunderten Jahren vorbeischleichen. Gebenedeit sei die Frucht Deines Leibes – und wären es ein paar Schlangen auf silbernem Tablett.
Dennoch wird man wenig Sinnvolles über die enge Verbindung Bayerns zur katholischen Kirche äußern können, ohne Altötting besucht zu haben. Zwei Päpste, Wojtyla und Ratzinger, wachen als Bronzestatuen überlebensgroß an der Fassade des Kapuzinerklosters St. Magdalena über den Kapellplatz. Beide gelten als große Verehrer der Schwarzen Madonna von Altötting, beide feierten auf dem Platz große Messen. Joseph Ratzinger wurde keine 15 Autominuten von hier geboren.

Altötting liegt in einer Kiesebene, die der mäandernde Inn auf seinem Weg in Richtung Passau und Donau hier ausgeschwemmt hat. Bestimmten von den Alpen kommend noch sanfte Hügel das Landschaftsbild, so breitet sich von hier an mehr und mehr das niederbayerische, flache Land aus mit seinen Mastställen, seinen endlosen Mais- und Rapsfeldern. Es finden sich Siedlungsspuren, die weit in die Steinzeit zurückreichen, später lebten Kelten und Römer in dieser Gegend. Für das erste bayerische Herrschergeschlecht, die Agilolfinger, zählte Altötting nach Regensburg bereits zum wichtigsten politischen und kulturellen Zentrum. Die achteckige Form der Gnadenkapelle geht wohl auf eine Taufkapelle der Agilolfinger aus dem 8. Jahrhundert zurück. Eine Zeitlang war Altötting dann Regierungssitz der Karolinger. Karlmann – Urenkel Karl des Großen und Sohn Ludwig des Deutschen – regierte gegen Ende des 9. Jahrhunderts von der Pfalz in Altötting aus über Bayern und die karolingischen Gebiete in Italien. Karlmann spendierte der Stadt die Stiftskirche St. Philippus und Jakobus; nicht zuletzt um dort auch eine letzte Ruhestätte zu finden. Das Hochgrab verschwand Anfang des 17. Jahrhunderts aus der Kirche. An der Südwand der Basilika findet sich seitdem stattdessen ungefähr dort, wo sich Karlmanns Grab befunden haben muss, eine Marmorplatte mit der eher launigen Inschrift:

HIC OLIM
CAROLOMANNVS
AVT SITVS FVIT
AVT FVISSE CREDITVR.
HINC MIGRAVIT IN
CHORVM, ANIMVS
IN COELVM.

Grob übersetzt: „Hier lag einst Karlmann, oder zumindest vermuten wir das. Von hier ist er in den Chor gewandert – die Seele in den Himmel.“

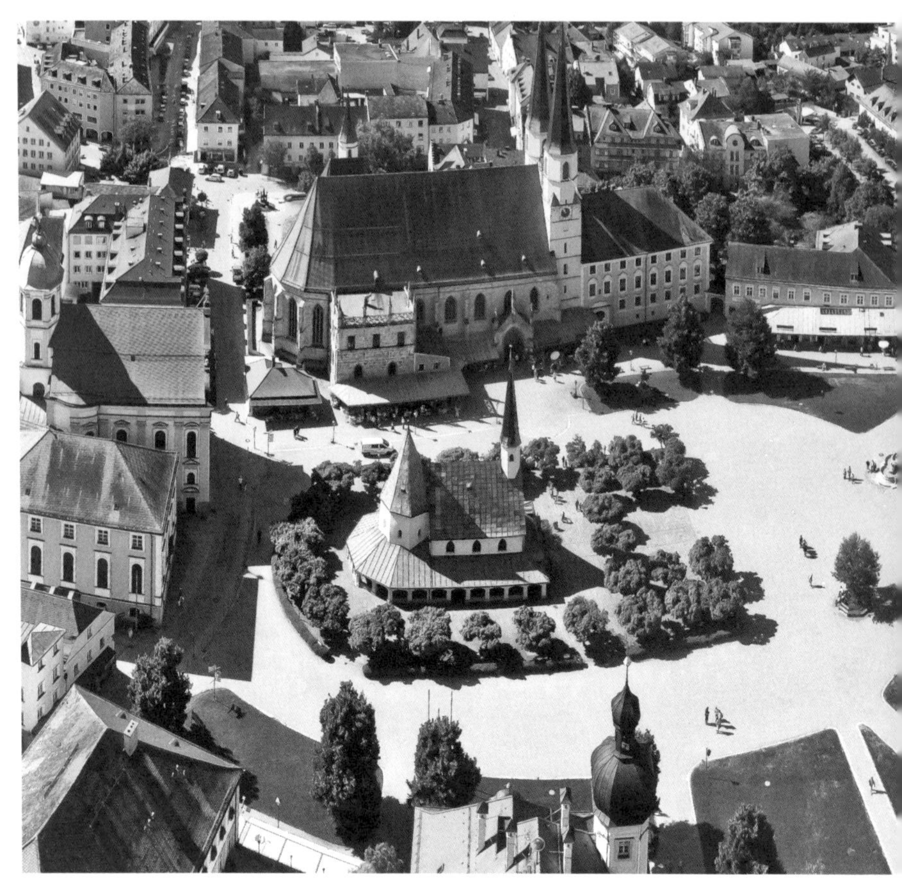

Tatsächlich finden sich seine Gebeine heute direkt unter dem Altar der Altöttinger Stiftskirche. Der Bau ist nach der karolingischen Stiftsbasilika bereits der vierte an dieser Stelle. Seine heutige Gestalt mit den drei Kirchenschiffen bekam er Anfang des 17. Jahrhunderts, als das alte Gebäude die immer größer werdenden Pilgerscharen nach Altötting nicht mehr aufnehmen konnte.

Im Süden schließt sich ein Kreuzgang an den Bau an. In dessen südöstlicher Ecke öffnet sich eine Kapelle. Von dort führt eine steile Treppe hinab in eine kleine Gruft. Wer dort hinabklettert, findet sich am Ende der Stufen recht unvermittelt und ohne jede weitere Warnung vor drei

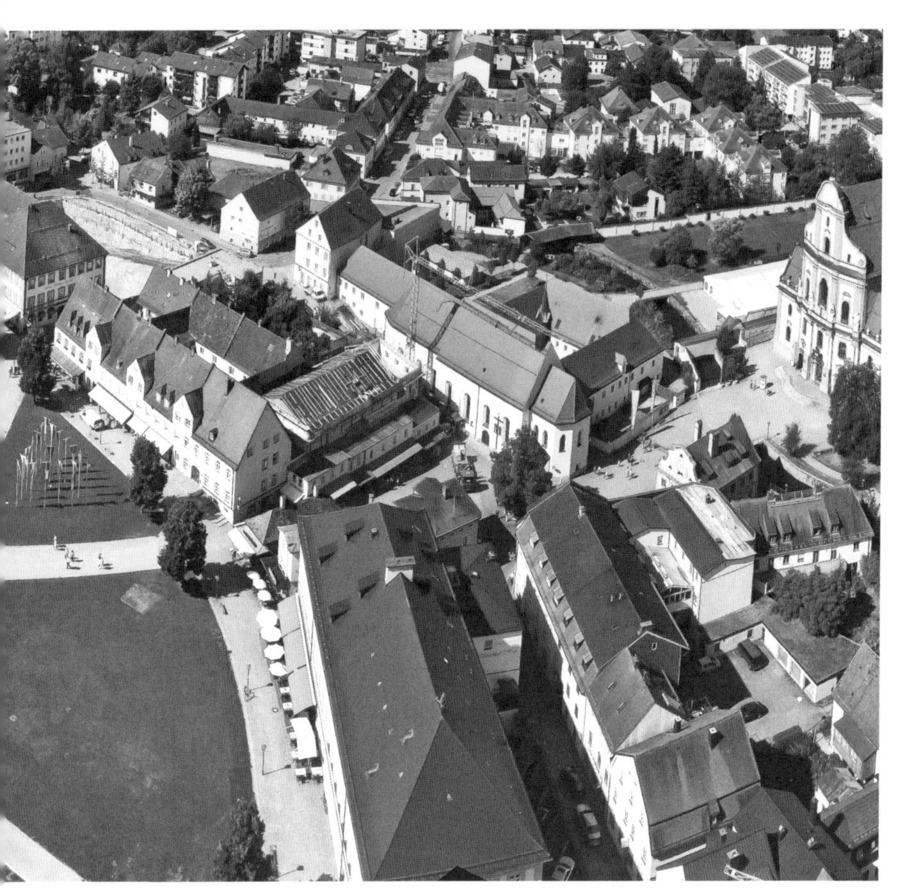

metallenen Sarkophagen wieder. Am Kopfende des mittleren ist eine kleine Glasscheibe eingelassen, durch die seit bald vierhundert Jahren Feldherr Johann T'Serclaes von Tilly herausblicken muss, den Schädel unbequem auf die Brust geknickt.

Tilly war während des Dreißigjährigen Kriegs unter Maximilian I. Feldherr der katholischen Liga. Unter Protestanten hat Tillys Name keinen besonders guten Klang, schließlich brannte im Mai 1631 während der Belagerung durch die katholischen Heere unter Tillys Führung die Stadt Magdeburg fast vollständig nieder, während deren Einwohnerschaft dabei größtenteils ihr Leben einbüßte.

Für die Katholikinnen und Katholiken gilt er als frommer Krieger für die gute, heilige Sache. Zudem sicherte er seinem Dienstherren Maximilian politisch auch noch den Zugriff auf die Oberpfalz. Der Stadt Altötting war Tilly ganz besonders zugetan. Deren Marienheiligtum muss der glühende Muttergottesverehrer erstmals 1600 besucht haben. Bei einem zweiten Besuch stiftete er der Kirche dort bereits ein teures Geschmeide, das heute noch als Teil der Krone jener rußschwarzen Muttergottesfigur in der Kapelle ausgestellt wird. Bei seinem letzten Besuch – zumindest als Lebender – stiftete der Feldherr ein stattliches Vermögen unter der wenig bescheidenen Bedingung: Eigens dafür angestellte Benefiziat-Priester sollten täglich eine Messe in der Gnadenkapelle für ihn lesen – auf ewig. Erst 2009 machte der damalige Bischof von Passau damit Schluss. Böse Zungen behaupteten damals, um ungehindert die Altöttinger Wohnung, die für die Benefiziat-Priester bereitstand, zu seinem bischöflichen Altersruhesitz umbauen zu können.

Das katholische Bayern verehrt in Tilly den aufrechten Wächter der Muttergottes, der „Patrona Bavariae". An seiner Gestalt brechen sich gerne bayerischer Patriotismus, Marienfrömmigkeit und der Stolz auf die weiß-blaue Heimat. Und das, obwohl Tilly selbst in der Nähe von Brüssel geboren, in Köln und Spanien erzogen und ausgebildet wurde und eigentlich weder des Deutschen und noch viel weniger des Bayerischen mächtig war.

Seine Anhängerschaft ficht das nicht an. 2005 ließen sie eine Bronzestatue des katholischen Feldherrn samt Pferd auf dem Kapellplatz aufstellen. Seitdem wissen alle, die an den unzähligen Devotionalienbuden vorbei auf den Platz drängen, wo sie hier gelandet sind: in der Herzkammer des bayerische Katholizimus. Über eine Million fromme Pilgermenschen im Jahr werden sich schon nicht irren: Maria hat geholfen!

INFO

Anfahrt: Die A 94 München-Passau an der Ausfahrt Altötting verlassen, den Inn in Richtung Berge überqueren und der Beschilderung in die Innenstadt folgen. Im Ort gibt es zahlreiche Parkgaragen.
Altötting ist mit dem Regionalzug bequem zu erreichen.
Der Kapellplatz ist nicht zu verfehlen: Einfach dem Weihrauchduft folgen, der in dichten Schwaden aus den Devotionalienbuden wabert.

Wallfahrtsmuseum und Schatzkammer
Das Museum direkt am Kapellplatz zeigt wertvolle und skurrile Stücke aus Hunderten Jahren der Altöttinger Wallfahrtsgeschichte. Darunter Sisis verdorrter Brautkranz, ein Vorhang aus unzähligen Rosenkränzen und als wertvollstes Stück, das sogenannte Goldene Rössl: ein über sechshundert Jahre altes Marienaltärchen aus Goldemaille.
Haus Papst Benedikt XVI.
Kapellplatz 4, 84503 Altötting
Tel.: 0049-8671-95856-100
haus.papst-benedikt@bistum-passau.de
www.gnadenort-altoetting.de

Franken

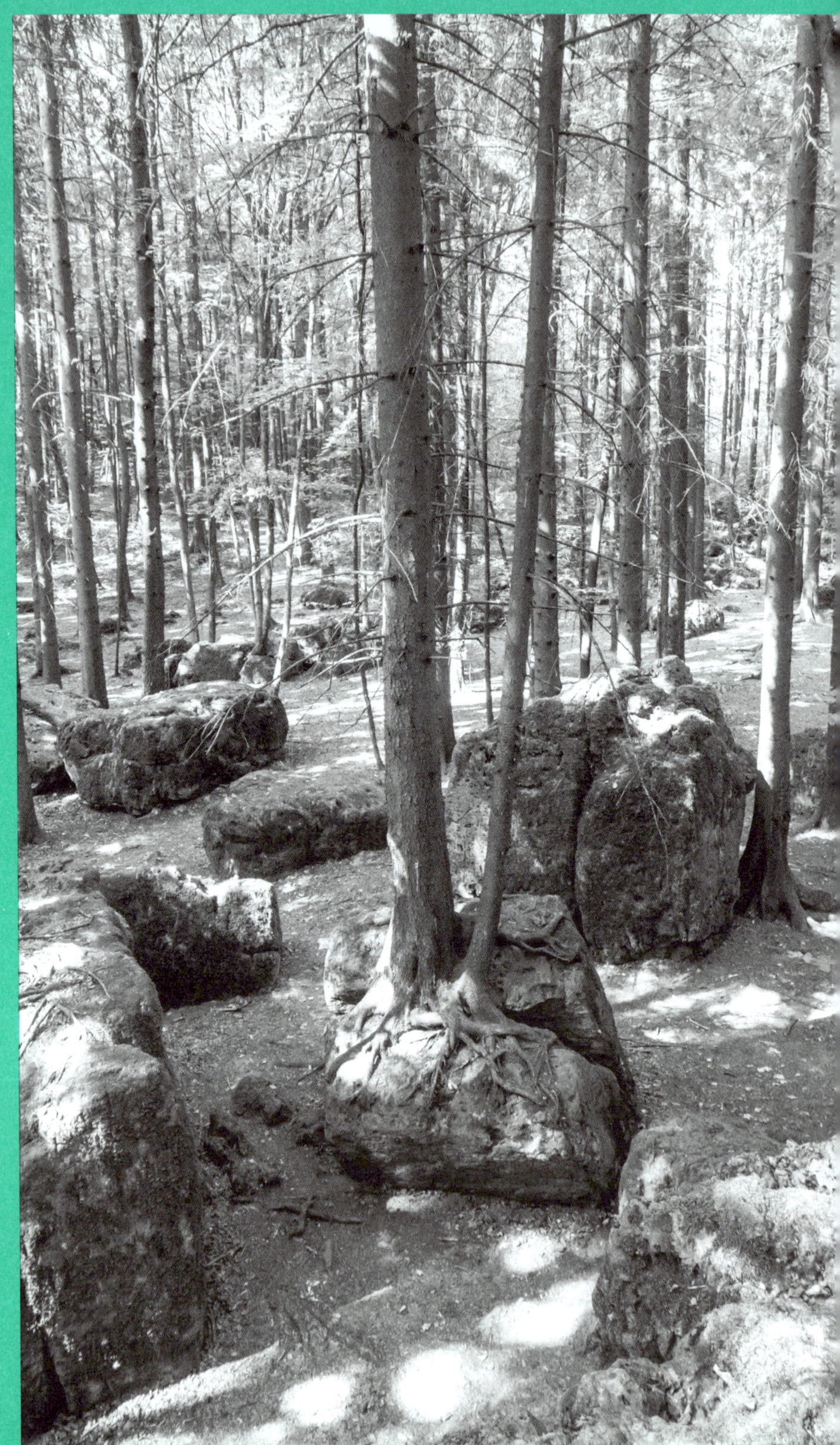

Druidenhain × Wohlmannsgesees

Taufsteine für neue Religionen

Die Fränkische Schweiz ist ein eher urwüchsiger Landstrich. Mischwälder, sanfte Hügel und ein paar Flusstäler. Die Dörfer sind klein. Ab und an sitzen über ihren Dächern auf grauen Felsnadeln die Reste einer mittelalterlichen Burg. Die Straßen winden sich durch diese Landschaft, Wiesenflecken wechseln sich mit Buchen und Fichtenschonungen. Das Wiesenttal ist in dieser Szenerie keine Ausnahme. Ruhig bahnt sich die Wiesent ihren Weg zwischen bewaldeten Hängen, aus denen immer wieder einzelne Klippen hervorspringen. Bei Streitberg wachen an beiden Ufern die Ruinen der Burgen Neideck und Streitburg über das Tal.
Von dort verlässt ein Sträßchen in östliche Richtung den Fluss und windet sich den steilen Hang hinauf in Richtung Süden auf das Örtchen Wohlmannsgesees zu. Der Ort selbst liegt in einer kleinen Senke. Ringsum heben sich bewaldete Hügelköpfe aus dem Gelände und schirmen Ort, Wiesen und Äcker nach allen Richtungen ab. Im Ortszentrum steht eine alte Wirtschaft, die wie so oft in Franken mit Herz und aus Überzeugung betrieben wird.

Der Druidenhain liegt am südlichen Ortsausgang. Von einem Wanderparkplatz an der Straße sind es nur einige Schritte über einen Feldweg, bis eine Hinweistafel einen ersten Überblick über das Gelände des Hains bietet. Es liegt mitten in einem Mischwaldgebiet voller Buchen und Fichten und befindet sich derzeit in Privatbesitz zweier Familien im Ort. Auf der Karte am Wegrand sind die einzelnen Felsblöcke des Druidenhains als Taufstein, Grab oder auch Kanzel eingezeichnet. Vom Standpunkt der Tafel bleiben die verheißenen Sehenswürdigkeiten jedoch noch hinter dem Buschwerk am Waldrand verborgen. Bestenfalls vereinzelte Stimmen oder das Geschrei tobender Kinder verrät, dass dort im Wald tatsächlich etwas Eindrucksvolles verborgen sein muss.

Einmal im Wald angekommen, sind die bemoosten Rücken der Gesteinsblöcke nicht mehr zu übersehen. Die ersten Blöcke liegen als tischartige Steine mit kreisrunden Becken darin unter den Bäumen. Etwas tiefer zwischen den Buchen reiht sich dann Klotz hinter Klotz, wie mit dem Lineal gezogen, teils mannshoch und deutlich größer. Die Gassen dazwischen sind weniger Labyrinth als erstaunlich gerade gezogene Straßen. Ein Manhattan für Zwerge unter dem Blätterdach eines fränkischen Nutzwaldes. Die Schluchten moosig duftend, statt Asphalt die Blätter des Vorjahres und der federnde Humus des Waldbodens.

Genau wie in einer Großstadt sind die Gassen zwischen den Blöcken abseits der breiten Boulevards am Druidenhain selten einsam und leer. Manchmal begegnen einem Menschengruppen, die um einzelne Steine stehen. Sie tauchen ihre Hände in das Wasser, das sich in den Steinbecken angesammelt hat. Einzelne halten dabei die Augen geschlossen und versuchen, den kosmischen Schwingungen und Energien nachzuspüren. Handys übertragen in stetem Strom Bilder direkt in das weltumspannende Datennetz.

Vor seinem ersten Auftritt als Druidenhain war der Ort allenthalben Schauplatz einer Nebenhandlung der volkstümlichen Geschichten rund um den fränkischen Raubritter Eppelein von Gailingen. Vor der Kulisse des Druidenhains soll der mittelalterliche Kleinverbrecher mit anderen zwielichtigen Gestalten eine Art Bund geschlossen haben. Ohne Erfolg wie die

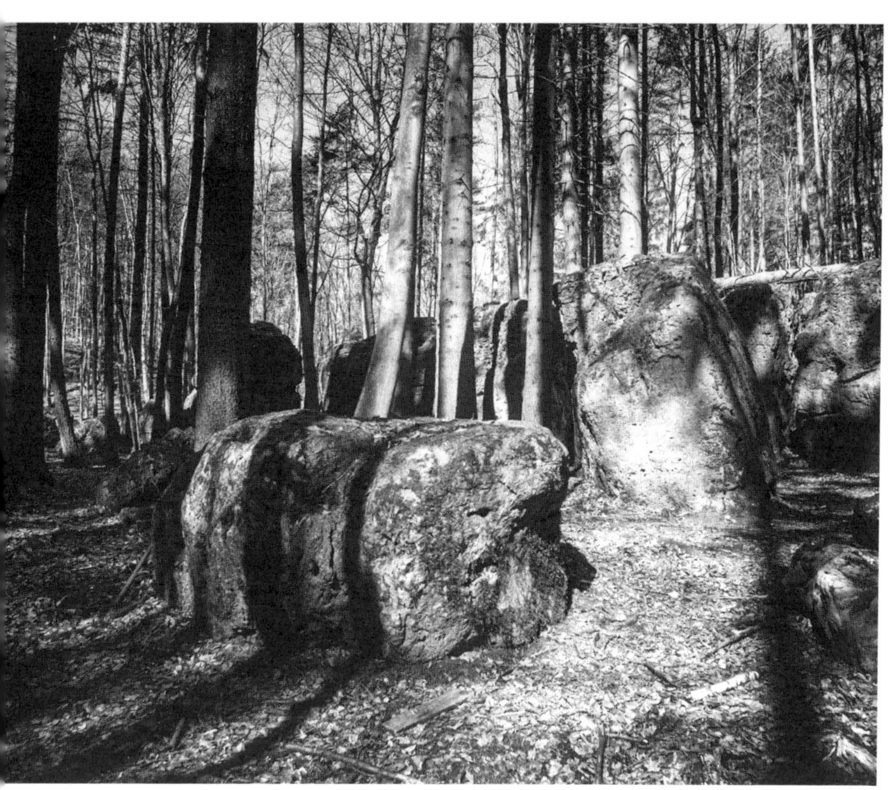

Geschichte zeigt: Bei einem raubritterlichen Trinkgelage verrieten einige Kumpanen Eppelein von Gailingen an die Nürnberger Obrigkeit, die ihn ein paar Wochen später aufs Rad binden ließ und so recht qualvoll aus dem Leben beförderte. Und selbst wenn die historische Gestalt des Eppelein im Spätmittelalter tatsächlich einst die Handelswege der Umgebung unsicher machte, es gibt berechtigte Zweifel, dass er die Felsblockreihen im Wohlmannsgeseeser Wald als Druidenhain gekannt hat.

Der Name „Druidenhain" taucht erst am Ende des 19. Jahrhunderts in einem kleinen Reiseführer auf. In dem Waldstück fänden sich Felsblöcke mit eindrucksvollen Becken darin, die in vorchristlichen Zeiten von Heiden für deren archaische Opferriten gebraucht worden seien: „Dieser schöne Hain wird seit einigen Jahren sehr häufig von Courgästen besucht und so wurde diesem Haine, in dem die abgeplatteten Felsenstücke sich befinden, der Name Opferhain, Druidenhain, und dem Theile desselben, wo Gänge zwischen den Felsen sich hinwinden, der Name Labyrinth gegeben", steht dort schließlich weiter.

Es ist durchaus nicht abwegig, an dieser Stelle Zeugnisse für die Tätigkeit der keltischen Priesterkaste zu finden. Rings herum in den Wäldern und auf den Kuppen der Hügel legten archäologische Teams bei wissenschaftlichen Grabungen immer mal wieder Spuren keltischer Siedlungen frei, darunter auch Spuren von möglichen Opferplätzen. Bei den klassischen Autoren der griechischen und römischen Antike, allen voran in Julius Caesars „De Bello Gallico", finden sich an verschiedenen Stellen Hinweise auf die wundersamen Priester der Keltenstämme. Doch bleiben diese schriftlichen Überlieferungen immer nur ein Blick von außen – noch dazu von einer Macht, die an vielen Orten mit den Kelten im Clinch lag.

Die Druiden selbst haben nirgendwo und zu keiner Zeit ein schriftliches Zeugnis für uns hinterlassen. Wir wissen nicht, wem sie ihre Opfer darbrachten und schon gar nicht warum. Wir kennen in der Nähe der Keltenstädte und Siedlungen Gruben voller verkohlter Knochenreste – meist Ziegen, Schafe, Schweine – die am leichtesten als Brandopfer zu erklären sind. Ein paar Mal wurden auch Menschenknochen ausgegraben, die von einem Opfer stammen könnten. Die antiken Autoren berichten immerhin darüber, dass die Kelten für ihre Gottheiten auch Menschen opferten. Allerdings ergibt all das noch kein einheitliches Bild, um heute über das Geschäft der Keltenpriester erschöpfend Auskunft geben zu können. In jedem Fall bieten die Geschichtswissenschaften nur wenig fundierte Grundlagen für all die Geschichten, die seit gut hundert Jahren unter den Schlagwörtern Druidenmagie, Druidenkult oder -weisheit den okkulten Buchmarkt bedienen.

Allerdings scheint der Markt des Okkulten seit ein, zwei Jahrzehnten wieder bestens zu florieren. Immer wieder und in Wellen kommt das Interesse an den geheimnisvollen Naturpriestern unserer Vorfahren auf. Speiste sich dieses Interesse um die Jahrhundertwende zum 20. Jahrhundert meist noch aus trüben nationalistischen Quellen, so geben heute unter den Anhängerinnen und selbsternannten Nachfolgern verschiedenste Impulse den Ausschlag für das wieder neu erstarkende Interesse: die Sehnsucht nach einem Leben im Einklang mit der Natur, die Abkehr von der klassischen Schulmedizin, vielleicht aber auch die Hoffnung dank eines geheimnisvollen, jahrtausendealten Wissens die eigene Bedeutungslosigkeit überwinden zu können.

Dieses Interesse ist inzwischen derart stark, dass Orte wie der Druidenhain zu den verschiedensten jahreszeitlichen Ereignissen, wie zum Beispiel zur Sonnwende, regelrecht überlaufen werden. Selbsternannte Hüterinnen und Hüter des Druidenhains bieten Führungen vor Ort an, in denen sie ihrem Gefolge seine kosmischen Energien spüren lassen: Wer es verstehe, die geistige Türe aufzumachen, könne sich „bewusst mit dieser fein-hochschwingenden Energie viel mehr verstehen, leichter leben und gesünder werden. Sie dient dem Aufstiegsprozess der gesamten Erde und den darauf lebenden Menschen!" Versteht sich, dass es sich dieser Personenkreis zur Aufgabe gemacht hat, den Ruhm des Waldfleckens samt seiner Quarzitblöcke als „weltweit interessantesten Kult-, Kraft- und Megalith-Ort" aus seinem Dornröschenschlaf zu reißen und neben Stonehenge zurück auf seinen angestammten Platz auf den Reiselisten der esoterischen Top-Sights der Welt zu hieven.
Nicht nur deshalb reagiert man in den Touristeninformationszentren der Umgebung inzwischen recht empfindlich auf Nachfragen nach dem Druidenhain als Kraftort. Sehr energisch weist das Personal dort darauf hin,

dass es sich beim Druidenhain um ein Naturdenkmal, eine Laune der Geologie, handelt. Als das Böhmische Land im Osten und der Rheingraben im Westen angehoben wurden, senkte sich das fränkische Land mit den Hunderte Millionen Jahre alten Bodenschichten des Jurameeres. Die Dehnung der Erdkruste blieb nicht spurlos und hinterließ allerorten Risse und Spalten im Gestein. Die geologischen Messungen der Ausrichtung jener geheimnisvollen Gassen durch die Schluchten des Druidenhains zeigen eindeutig: All diese Gassen verlaufen parallel zu den Hanglinien des Böhmischen Landes. Die Gesteinsformation ist für die Forschung mit dem Wirken der Erdkruste, mit Erosion und ein paar mittelalterlichen Bauherren erklärbar. Letztere nutzten die freiliegenden Quarzitblöcke eine Zeit lang als Steinbruch für ihre Bauvorhaben in der unmittelbaren Umgebung.

INFO

Anreise: Ab Forchheim am besten auf der B472 dem Wiesenttal folgen, bis rechter Hand auf einer Felsnase die Burgruine Neideck auftaucht. Danach nach gut drei Kilometern das Tal auf einer kleinen Straße aufwärts über die Talböschung verlassen. Nach wenigen Kilometern ist das Örtchen Wohlmannsgesees erreicht. An der Straße, die den Ort in südlicher Richtung verlässt, finden sich kurz nach den letzten Häusern am Waldrand links und rechts der Straße ein paar Parkplätze. Der Druidenhain liegt nur wenige Schritte entfernt im Waldstück westlich der Straße.
Mit den öffentlichen Verkehrsmitteln reist man am besten über Ebermannstadt an. Vom dortigen Bahnhof geht es mit dem Rufbus bis nach Wohlmannsgesees. Von dort erreicht man den Druidenhain nach einem halbstündigen Spaziergang über bequem ausgebaute Feldwege.

Zur Stärkung: Der Gasthof Heid ist ein kleines Wirtshaus in Wohlmannsgesees mit üppigen Portionen solider fränkischer Wirtshausküche. Ein Highlight ist der selbstgebrannte Schnaps.
Gasthof Heid
Wohlmannsgesees 1, 91346 Wiesenttal
Tel: 0049-9196-306

Informationszentrum Naturpark Fränkische Schweiz - Frankenjura
Alles zu Geologie, Pflanzen- und Tierwelt sowie dem Brauchtum im Zentrum der Fränkischen Schweiz.
Das Informationszentrum befindet sich im Bahnhofsgebäude.
91346 Muggendorf
Tel.: 0049-9196-929931
info@fsvf.de; www.fsvf.de

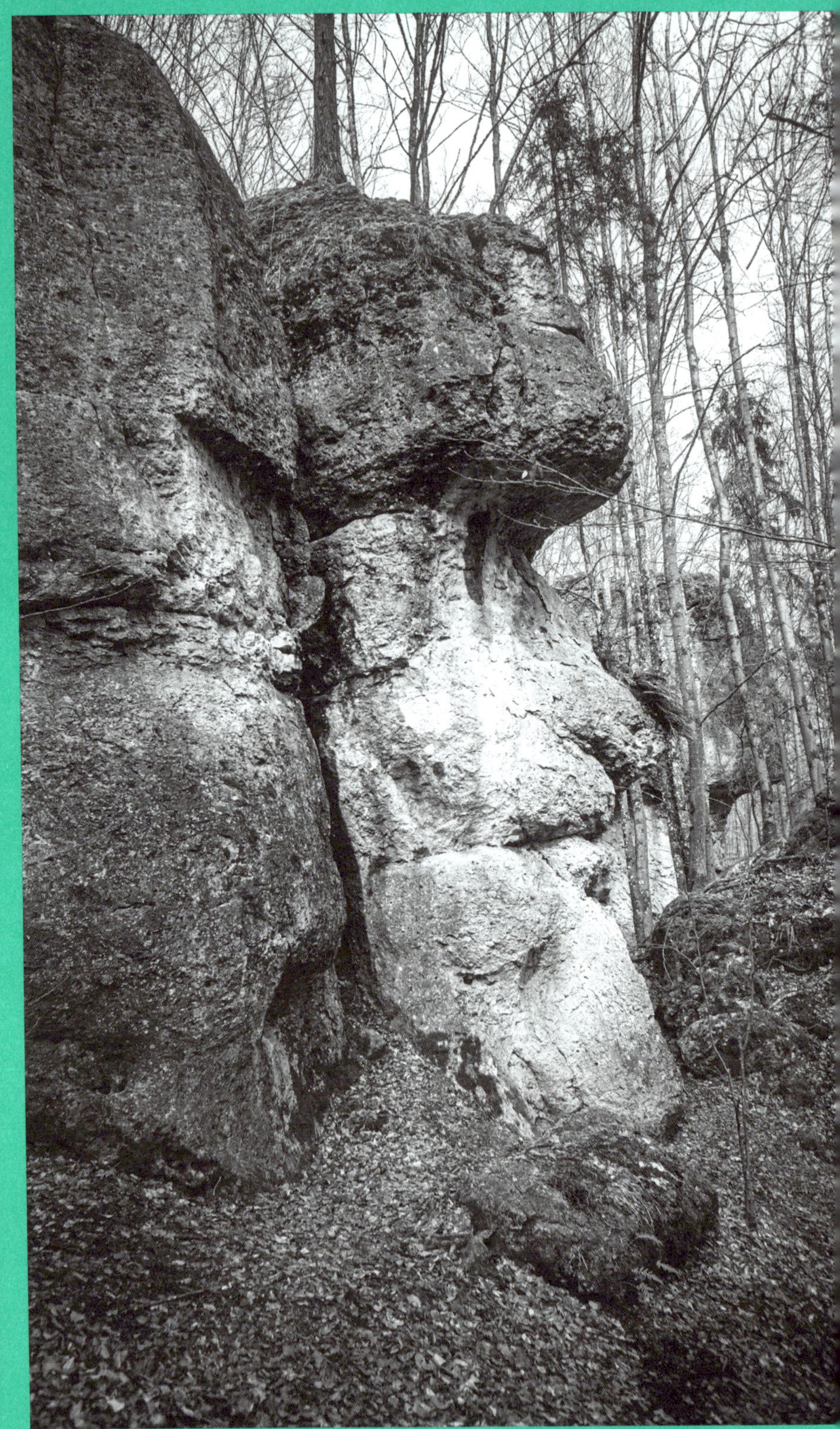

Steinerne Stadt × Neuhaus an der Pegnitz

Elvis lebt – irgendwie

Der Weg in die Steinerne Stadt führt zunächst durch einen fränkischen Nutzwald. Große Holzstöße liegen links und rechts der Forststraßen. Dort wo das Holz geerntet wurde und vom Wald nur mehr Baumstümpfe zu sehen sind, zeigt sich das Gelände als eine hügelige Landschaft. Sanft geschwungene Kuppen, auf denen zwischen den Baumstumpfreihen Brombeerranken in die Höhe wachsen. Lichte Buchenwälder und einzelne Fichtengruppen riegeln immer wieder den Blick in die Ferne ab. Genauso wie sie ihn andernorts wieder für einen Ausblick über die Karstlandschaft des Fränkischen Jura freigeben.

Jahrtausende der Erdgeschichte haben der Landschaft außerordentliche geologische Formationen verliehen. Sie ist reich an Höhlen, Grotten und eindrucksvollen Felsgruppen, die hier oft unvermittelt in den Wäldern vor dem Wanderer auftauchen. Über unüberblickbare erdgeschichtliche Zeitspannen sickerte Oberflächenwasser in die Kalksteinformationen im Untergrund. Weichere Gesteinsschichten erodierten, wurden ausgewaschen und legten härtere Blöcke frei, teils wurde der Kalkfels durch Grundwasser und unterirdische Bachläufe ausgehöhlt. Vieles spricht dafür, dass sich hier einmal ein ausgedehntes und weit gespanntes Höhlensystem befunden haben muss.

Einige dieser Grotten und Höhlen sind zu besichtigen. In der Maximiliansgrotte lässt sich Deutschlands größte Tropfsteinformation bewundern. In einer anderen Grotte soll es spuken. Der Sage nach geht dort der Geist

Kunigundes von Orlamünde um, die Tochter eines mittelalterlichen Adelsgeschlechts, das seinerzeit in der nördlichen Oberpfalz das größte Territorium in Bayern verwaltete, das nicht in den Händen der Wittelsbacher war. Humanistische Historiker dichteten der verheirateten Frau eine unglückliche Liebe zu einem Nürnberger Hohenzollern-Schönling an, ihm zuliebe soll sie – einer Reihe von fragwürdigen frühneuzeitlichen Berichten zufolge – ihre beiden Kinder ermordet haben. Später soll sie als geschmähte Liebhaberin versucht haben, ihren Kindsmord mit einem Besuch beim Papst und dem Bau der Zisterzienserabtei Himmelthron bei Nürnberg zu sühnen. Vergeblich wie es scheint, denn sie tritt in einer Reihe von Spukgeschichten der Region als Weiße Frau auf, unter anderem in besagter Mysteriengrotte oberhalb des Örtchens Krottensee. An den Wänden der Grotte sind tatsächlich Blutspritzer zu finden – allerdings gibt es dafür eine naheliegendere Erklärung. Während der Wirtschaftskrise nach dem Ersten Weltkrieg brachten die Leute aus dem Dorf ihre Schweine und Kälber hierher und schlachteten sie ungestört und vor allem unbeobachtet vom Gesetz.

In den Höhlen der Umgebung fanden sich zahlreiche vorgeschichtliche Knochenreste, eiszeitliche Überbleibsel von Mammut, Rentier und Bison. Auch Siedlungsspuren in Form von Herdstellen oder Tonscherben von der Urnenfelderzeit um 1000 v. Chr. über die Bronzezeit bis etwa 450 v. Chr. wurden in den Grotten entdeckt. Selbst während des Mittelalters müssen dort Menschen Zuflucht gefunden haben. Das legen zumindest einige mittelalterliche Scherbenfunde nahe.

Der Weg durch die Buchenwälder überrascht immer wieder mit bizarren steinernen Skulpturen und Gebilden. Die eindrucksvollste Gruppe ist sicherlich die Steinerne Stadt. Zahlreiche Dolomitfelsen ragen aus dem Waldboden. Ihre Wetterseiten sind häufig mit Moos überzogen. Hinter kaltgrauen Quadern tauchen meterhohe Pilzskulpturen auf. Die Stiele

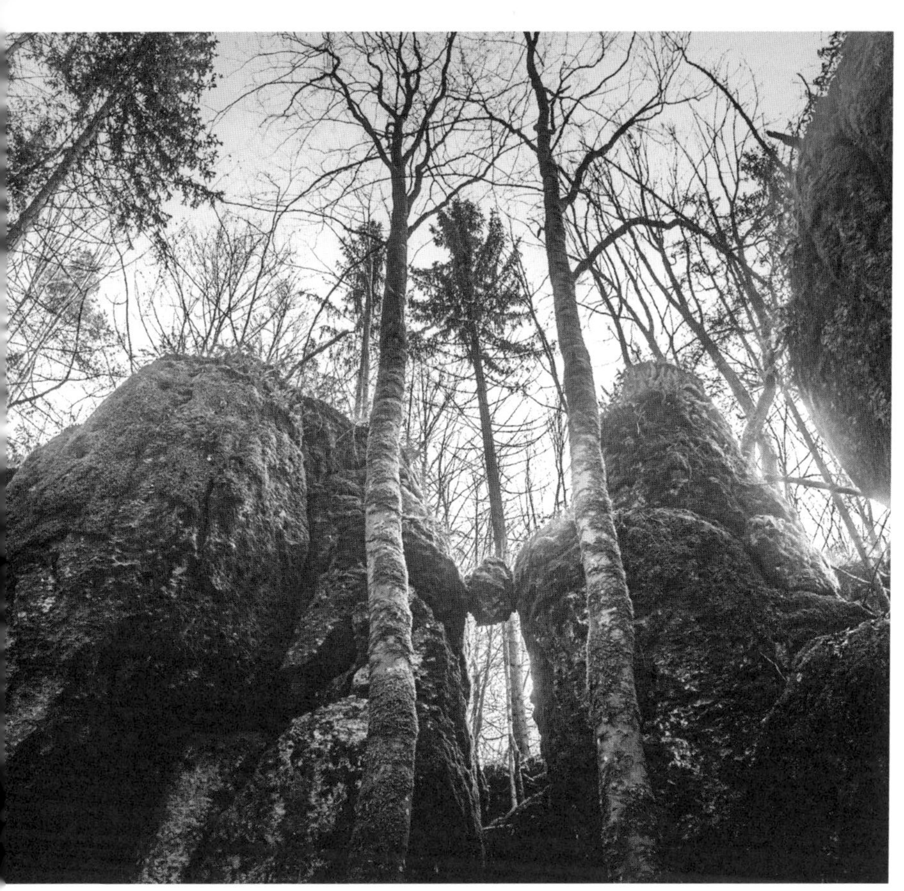

aus eher brüchigem, mergeldurchsetztem Gestein, ihre Köpfe aus hartem Quarzit gegeneinander gelehnt. Ein paar mutige Pflanzen haben die Oberkante einiger Blöcke erobert, die wie in kleinen Gärten dort wachsen.
Die Kletterszene hat das Areal inzwischen auch für sich in Anspruch genommen, die auf wenigen Metern von der einfachsten Kletterroute bis zum schwierigsten Überhang für jede und jeden die richtige Schwierigkeitsstufe findet.
Amseln flöten und Finken pfeifen, aber von Weitem sind knatternde Maschinengewehre, polternde Geschützrohre der Panzer und dröhnende Detonationen der Granaten zu hören. Die amerikanischen Streitkräfte proben

unweit von hier, in Grafenwöhr, Krieg. Der Truppenübungsplatz war in der Zeit Prinzregent Luitpolds in den ersten Jahren des 20. Jahrhunderts für die bayerische Armee eingerichtet worden. Die Nazis erweiterten es in den 30er-Jahren auf seine heutige Größe. Nach dem Krieg, als ein gewisser Elvis Aaron Presley bei einem amerikanischen Panzerbataillon in Hessen stationiert war, nahm der Rock-and-Roll-Star an zwei Manövern auf dem sumpfigen Gelände teil. Das Kultur- und Militärmuseum Grafenwöhr unterhält noch heute zu den beiden Einsätzen Presleys eine eigene Dauerausstellung.

Die Steinerne Stadt findet sich immer wieder auf den Listen bayerischer Kraftorte. Merkwürdigerweise jedoch fehlen hier die sonst üblichen Hinweise auf eine keltische Vorgeschichte des Ortes. Möglich wären solche Konstruktionen durchaus. Die eindrucksvollen Steine laden geradezu zu Spekulationen ein, zumal bekannt ist, dass sich zum einen in der Nähe Siedlungsspuren der Kelten finden lassen. Zum anderen schließt die esoterische Szene andernorts selbst bei weniger eindrucksvollen Kulissen recht gerne auf eventuelle religiöse Kultstätten und Opferplätze – auch ohne verlässliche historische Befunde.

Genauso schweigen sich die meisten Kraftortbeschreibungen über die übliche Einbindung der Steinernen Stadt in ein weltweites Energiegitternetz aus. Was allerdings immer wieder hervorgehoben wird, ist die spürbare Präsenz der teilweise einschüchternden Felsformationen.

Und tatsächlich tritt dem Gast mit den Dolomitfelsen der Steinernen Stadt kalte Materie recht unmittelbar gegenüber. Diese wird zur Gegenwirklichkeit einer atmenden, teils lärmenden Welt. Das Gleichgewicht, das den tonnenschweren Felsen ihr scheinbares Schweben über unseren Köpfen erlaubt, steht im Gegensatz zu all den unsteten Kräften, die uns rastlos durch unser Leben treiben. Man möchte die Steine berühren, um ein wenig ihrer Kraft und Ruhe in den eigenen Alltag mitzunehmen, möchte mit der kühlen Luft zu ihren Füßen, das Klickern und Klackern der eigenen Gedanken beruhigen, ihren moosigen, erdigen Duft mitnehmen – für Zeiten, in denen es draußen in der Welt wieder knattert, poltert und dröhnt.

INFO

Anfahrt: Die Autobahn A9 hinter Nürnberg bei Plech verlassen und von dort der Staatsstraße nach Höfen und Neuhaus an der Pegnitz folgen. Durch Neuhaus immer auf derselben Straße in östlicher Richtung weiterfahren und bei Krottensee auf dem Wanderparkplatz das Auto abstellen. Von hier lässt sich auf bequemen Forstwegen eine insgesamt drei- bis vierstündige Wanderrunde über Maximilians- und Vogelherdgrotte bis zur Steinernen Stadt beginnen. Vom Bahnhof Neuhaus an der Pegnitz fährt regelmäßig ein Bus bis nach Krottensee.

Sehenswert: Kultur- und Militärmuseum Grafenwöhr im Kastenhaus der Altstadt mit Ausstellungen zur Geschichte des Truppenübungsplatzes Grafenwöhr und seinem berühmtesten Manöverteilnehmer Elvis Presley.

Kultur- und Militärmuseum Grafenwöhr
Martin-Posser-Straße 14, 92655 Grafenwöhr
Tel.: 0049-9641-8501
info@museum-grafenwoehr.de
www.museum-grafenwoehr.de

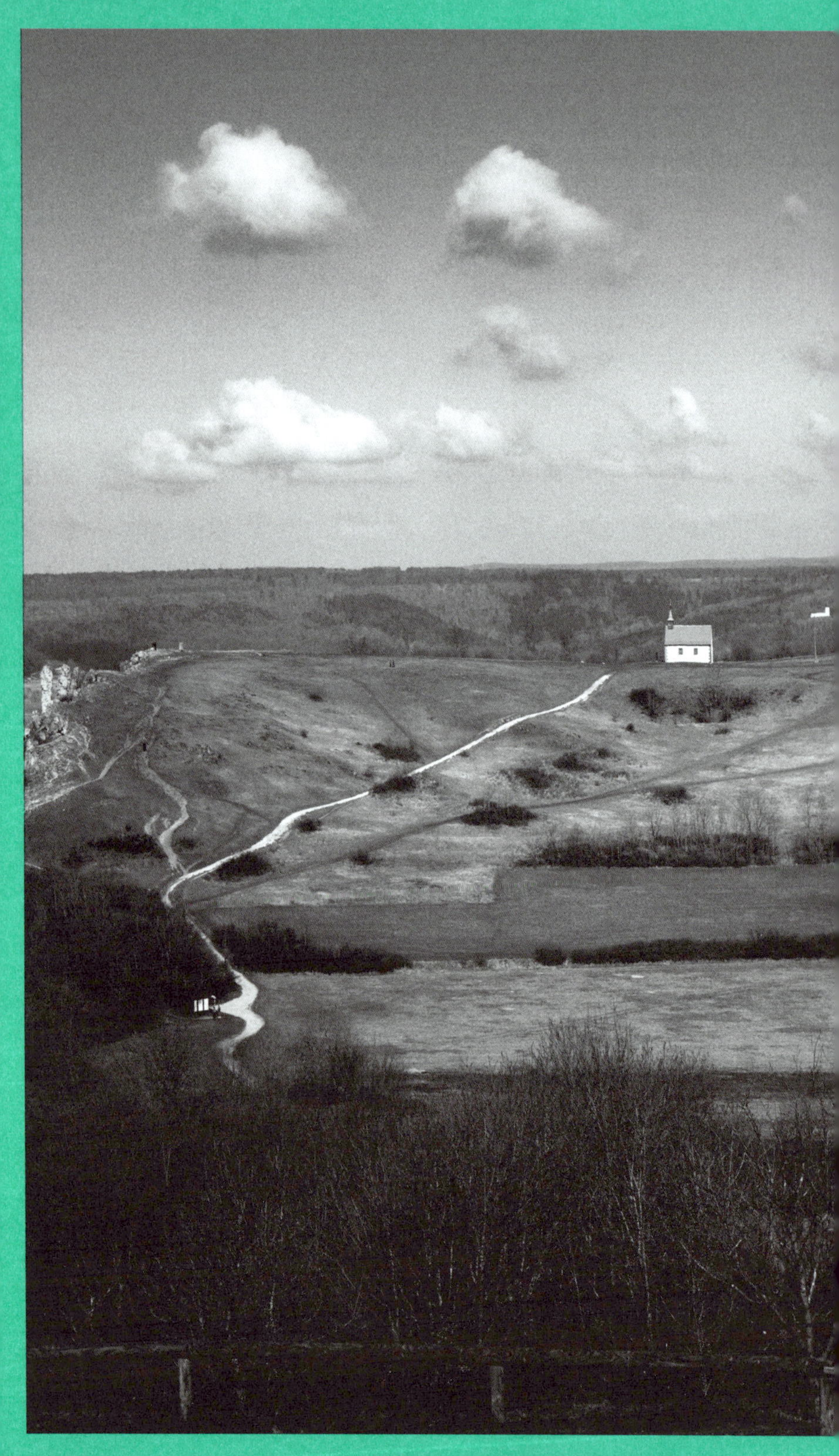

Das Walberla × Wiesenttal

Heiliger Berg der Franken

Ein heiliger Berg. Nicht mehr und nicht weniger will das Walberla sein: ein heiliger Berg der Franken – so viel zur begrenzten regionalen Bedeutung und geografischen wie volkskundlichen Einordnung. Heilige Berge gibt es einige: den Olymp, Petrarca bezwang den Mont Ventoux, Bruce Chatwin stieg auf den Uluru und Goethe wanderte ein paarmal auf den Brocken. Wer sich ihnen nähert, erfährt meist dasselbe: Der Aufstieg wird zum Pilgerweg, der Schweiß, der währenddessen fließt, zum Opfer und das eigene Staunen wird zur Ehrfurcht.

In Zeiten des Massentourismus mischt sich in diese Gefühlslage allerdings oft der unbefriedigende Verdacht, dass man all das Erhabene wohl teilen muss mit all den anderen Besucherinnen, Wanderern und Gästen, die denselben Weg beschreiten. Jeder und jedem haftet der Verdacht an, all das Schöne und Große, das Weite, das Kraftvolle, den Fels, die zarte Pflanzenwelt, den Blick bis hinter den Horizont zu entweihen. Und sei es nur, weil die anderen unerwartet vor das Objektiv der eigenen Kamera drängen.

Rein geologisch ist das Ehrenbürgplateau mit seinen beiden Gipfeln, dem Walberla und dem Rodenstein, ein Zeugenberg, ein einzelner Berg dieser Schichtstufenlandschaft, der durch Wasser, Wind und Zeit eindrucksvoll aus der Fränkischen Alb herausgearbeitet und isoliert wurde. Wie ein Schiff liegt das Plateau oberhalb der Wiesent in der Landschaft am unteren Teil ihres Laufs, kurz bevor das Flüsschen nahe Forchheim in die Regnitz mündet. Rings um den Berg steigen gemächlich Streuobstwiesen an. Nur die Kirchtürme der umliegende Örtchen Wiesenthau, Kirchehrenbach und Schlaifhausen setzen ein paar Akzente in der eher ruhigen Landschaft, bevor sich hinter ihnen die schroffen Kalksteinfelsen des Walberla und Rodensteins aufrichten.

Eine kleine Straße führt zu einem Wanderparkplatz oberhalb von Schlaifhausen. Von dort sind es keine zehn Minuten mehr zu Fuß, bis der Sattel erreicht ist, über den beide Gipfel verbunden sind. Als Bug des Schiffes ragt linker Hand das Walberla mit der kleinen Walpurgiskapelle auf, die dem Berg seinen volkstümlichen Namen gab. Die Schiffsbrücke wäre – um im Bild zu bleiben – rechterhand auf dem etwas höheren Rodenstein zu finden. Der Aufstieg auf den Berg der Franken verlangt selbst von wenig begeisterten Wandersleuten keine wirklichen Anstrengungen.

Als die Volksstämme der Jungsteinzeit aufhörten, dem Vieh hinterherzuziehen und begannen, sich auch hier in der Region niederzulassen, suchten sie im Rumpf dieses Walberlaschiffes, oberhalb seiner abweisenden Steilwände, Schutz. Der Boden ist voll von Siedlungsspuren, die seit den 80er-Jahren des vorigen Jahrhunderts in umfangreichen archäologischen Grabungen erfasst wurden.

Die Geschichtswissenschaft geht davon aus, dass das Walberla spätestens mit der ausgehenden Bronzezeit eine Art städtisches Zentrum für die Menschen entlang der Wiesent bis nach Forchheim gewesen sein muss. Mehrere Jahrhunderte zwischen Anfang und Mitte des letzten Jahrtausends vor Christi Geburt blieb der Berg zwar verwaist, fand dann jedoch mit der keltischen Besiedlung seit der späten Hallstatt-Zeit wieder zu einer eindrucksvollen Einwohnerzahl zurück.

Zunächst hielten sich die Menschen auf dem Sattel in der Mitte zwischen den beiden Gipfeln auf, ungefähr dort, wo auch heute die Besucherinnen und Besucher das Gelände betreten. Seit der Bronzezeit wurde der Berg systematisch umgestaltet. Am auffälligsten – und heute noch deutlich sichtbar – ist die Befestigung des Geländes. Entlang der offenen Flanken im Osten und Westen zum Eingang auf den Sattel entstanden wuchtige Trockensteinmauern, deren Überreste entlang der Geländekanten einen meterhohen Wulst bilden. Auf kleinen Trampelpfaden durch Baumbestand und allerhand Gestrüpp lässt sich der Ehrenbürg auf diesem Wulst fast vollständig umrunden.

Aber auch einzelne Abschnitte innerhalb des Plateaus wurden offensichtlich mit Mauern gesichert und vom Rest des Geländes abgetrennt. Oben auf dem Rodenstein, so die Vermutung, haben sich die Eliten der Keltengesellschaft in einer Art Akropolis niedergelassen und hinter eigenen Mauern verschanzt. Einzelne Flächen dort müssen regelrecht planiert worden sein, indem Fels und Erdreich abgetragen wurden, um kleinere Hügel und Gefälle einzuebnen.

Anders als die zackigen Felsnadeln von unten vermuten lassen, ist so auf dem Ehrenbürg eine ruhige Landschaft entstanden. Ein Großteil der Siedlungsspuren legt nahe, dass hier oben zu Keltenzeiten vor allem kleinere landwirtschaftliche Höfe gestanden haben müssen, wobei das Gelände auf dem Berg sicher nicht für einen ertragreichen Getreideanbau ausgereicht haben wird. In den Lagergruben, die sich hier überall in der Erde finden, entdeckten die Archäologinnen und Archäologen Getreide wie Weizen, Emmer, Gerste und Hirse, die wohl von den fruchtbaren Böden auf den Feldern entlang der Flüsse unten im Tal angebaut worden waren. Dazu fanden sich bei den Ausgrabungen in den Abfallgruben jede Menge Tierknochen, die zeigen, dass damals Rinder und Schweine gehalten und verspeist wurden.

Die gefundenen Pfeilspitzen, Gewandfibeln, Keramikscherben und Reste von Glaswaren auf dem Ehrenbürg belegen ein recht weit gespanntes Handelsnetz der damaligen Keltenstadt. Die Kontakte der Menschen auf

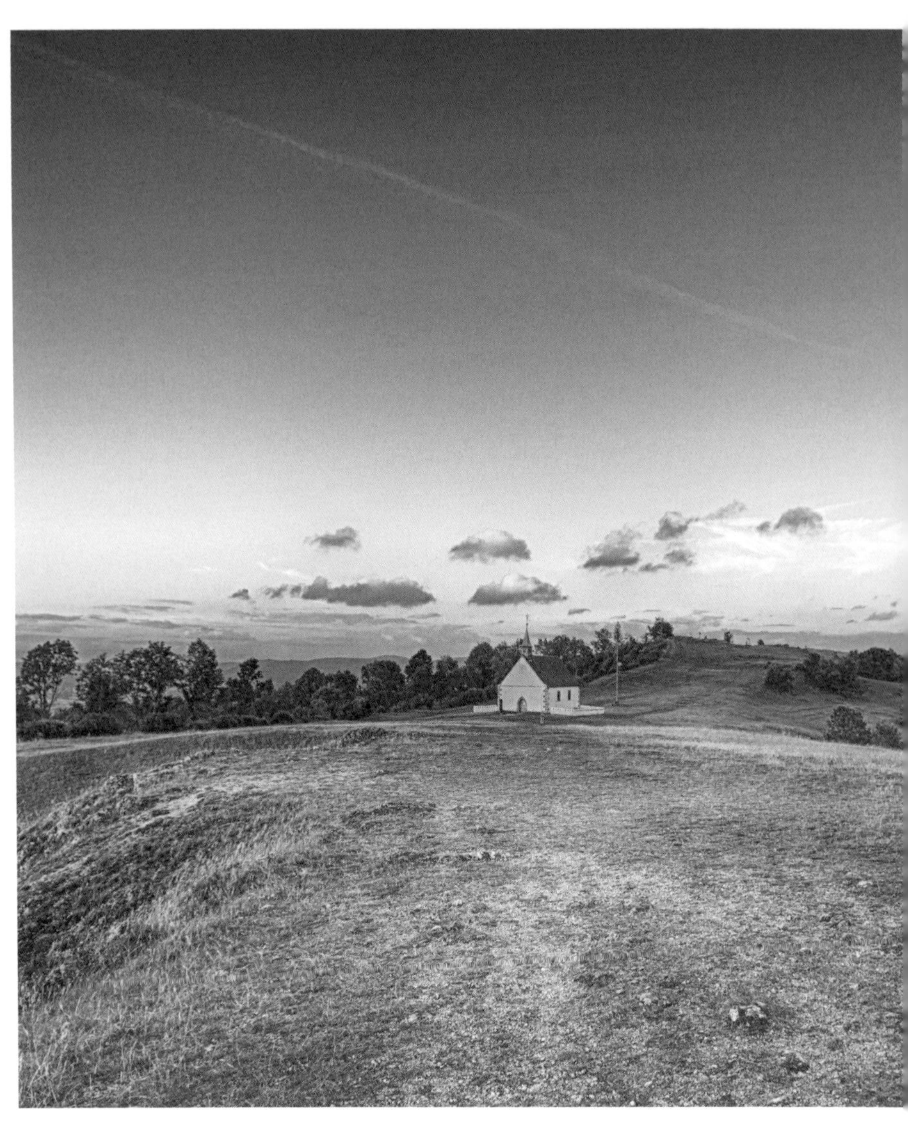

dem Walberla müssen damals von Norditalien über die Donauebene bis in das östliche Mittelmeer gereicht haben. Die zeitgenössische Geschichtswissenschaft beschreibt die Stadt für die Zeit von 480 bis 380 v. Chr. als eines der wichtigsten keltischen Zentren in Bayern. Danach endet die Besiedlung jedoch recht abrupt. Einige Funde menschlicher Knochen aus dieser Zeit stützen die These, dass die Stadt auf dem Ehrenbürg kein friedliches Ende fand. Die Knochen müssen damals sehr schnell und in großer Zahl in Gruben verscharrt worden sein. Einige dieser Menschenknochen zeigen sogar Spuren von Kannibalismus.

Es sollte nach dem Ende der Keltenzeit ein Weilchen dauern, bis sich hier oben wieder Menschen einfanden und Spuren hinterließen. Die deutlich sichtbarste dieser Spuren ist das kleine Kapellchen auf dem Gipfel des Walberla. Seit dem 14. Jahrhundert ist die Kapelle zu Ehren der Heiligen Walpurga hier oben bezeugt. Die Heilige hatte sich im Lauf des 8. Jahrhunderts mit ihren beiden Brüdern, den angelsächsischen Missionaren Willibald und Wunibald, und unter Aufsicht des deutschen Nationalheiligen Bonifatius um den Aufbau eines einheitlichen christlichen Kirchenwesens im Reich der fränkischen Kaiser gekümmert.

Die Sage will es, dass Walpurga selbst den Bau der Kapelle in Angriff genommen haben soll. Allerdings soll sie dabei auf den erbitterten Widerstand der alten heidnischen Geister und Hexen des Walberla gestoßen sein, die in ihrem Ärger über den christlichen Eifer der Missionarin Felsbrocken nach der frommen Engländerin geworfen haben sollen. Die Zauberkräfte des Christentums waren damals wohl noch unverbraucht und so soll die Nonne die finsteren Heidenmächte gezwungen haben, aus den geworfenen Felsstücken ein Häuslein für den neuen Christengott zu bauen. Deren Werk muss der Heiligen am Ende gefallen haben, denn, so heißt es, für den 1. Mai jeden Jahres gab Walpurga fortan den umtriebigen Heidengeistern auf dem Walberla frei. Es heißt, diese nutzten die Zeit, um alljährlich vor dem Felsabhang ihre Orgien zu feiern.

Tatsächlich findet um den 1. Mai hier oben ein traditionsreiches Volksfest statt, über das es genauso wie über den Bau der Kapelle auf dem Walberla seit dem 14. Jahrhundert Berichte in historischen Quellen gibt. Tatsächlich klagen diese Quellen immer wieder über die Ausschweifungen anlässlich des Walberla-Festes – das ganze 19. Jahrhundert ist voll von larmoyanten Reiseberichten, die sich über den Lärm der Musikanten, das viele Bier und das allzu ausgelassen feiernde Volk mokieren. Daran hat sich bis in unsere Zeit nichts Wesentliches geändert. Jedes Frühjahr am ersten Maiwochenende füllt sich der Platz um die kleine Kapelle mit Bierbänken, Bühnen, Bratwurstbuden und den Ausschänken der lokalen Brauereien.

Eine heidnische Orgie allerdings hat hier schon lange nicht mehr stattgefunden. Und abgesehen vom alljährlichen Bierfest ist es auf dem Walberla recht still. In der esoterischen Szene gilt es als ausgemacht, dass vor Ort außergewöhnlich starke energetische Felder herrschen. Wer sie spüren kann, dem gibt der feinstoffliche Kosmos auf dem Gipfelplateau beim weiten Blick in die fränkische Landschaft ein wenig Lebensenergie zurück.

Bestreiten wird das wohl niemand: Auf dem heiligen Berg der Franken kommt die Welt zur Ruhe. Und vielleicht begründet das ja auch den Jahrtausende währenden Zauber des Walberla: Das Treiben auf den Straßen und Dorfplätzen in der Ebene vor dem Berg bleibt eigentümlich fern. Nur ab und an brandet vielleicht das Läuten einer Glocke, der Lärm eines Traktorgespanns oder das Bellen eines Hundes gegen die steilen Kalkklippen. Den Gast auf dem Deck des Walberla kann das kaum betreffen – der Lärm des Alltags prallt von den Hängen des Bergs ab, wie Wellen am Bug eines Überseedampfers.

Anreise: Von Forchheim aus der B470 der Wiesent entlang nach Osten folgen. Am östlichen Rand der Stadt im Ortsteil Reuth die Wiesent auf der Ehrenbürgstraße in Richtung Wiesenthau überqueren. Am Ende der Straße links abbiegen und der Straße bis Schlaifhausen folgen. Im Ort unmittelbar vor der Kirche links abbiegen und der Straße bis zum Wanderparkplatz am Ehrenbürg folgen. Von dort geht's nach wenigen Metern Fußweg direkt unterhalb einer rekonstruierten keltischen Pfostenschlitzmauer zum einst westlichen Eingangstor der Keltenstadt am Ehrenbürg.
Mit der Bahn kann man gut bis Wiesenthau fahren. Von dort ist es eine etwa einstündige Wanderung über Streuobstwiesen bis auf den Ehrenbürg.

Sehenswert: Im Pfalzmuseum Forchheim finden sich viele der spektakulären Funde aus den Tausenden von Jahren Siedlungsgeschichte auf dem Walberla.
Archäologiemuseum Oberfranken
im Pfalzmuseum Forchheim
Kapellenstraße 16, 91301 Forchheim
Tel.: 0049-9191-714327
kaiserpfalz@forchheim.de
www.kaiserpfalz.forchheim.de

Zur Stärkung: An der Nordflanke des Walberla liegt der kleine Dorfgasthof Mühlhäuser mit origineller fränkischer Küche und Schnäpsen aus der eigenen Brennerei. Das Obst für die Brände stammt von den Streuobstwiesen rund um das Walberla.
Gasthof Mühlhäuser
Wannbach 61, 91362 Pretzfeld
Tel.: 0049-9194-9253
info@gasthof-muehlhaeuser.de
www.gasthof-muehlhaeuser.de

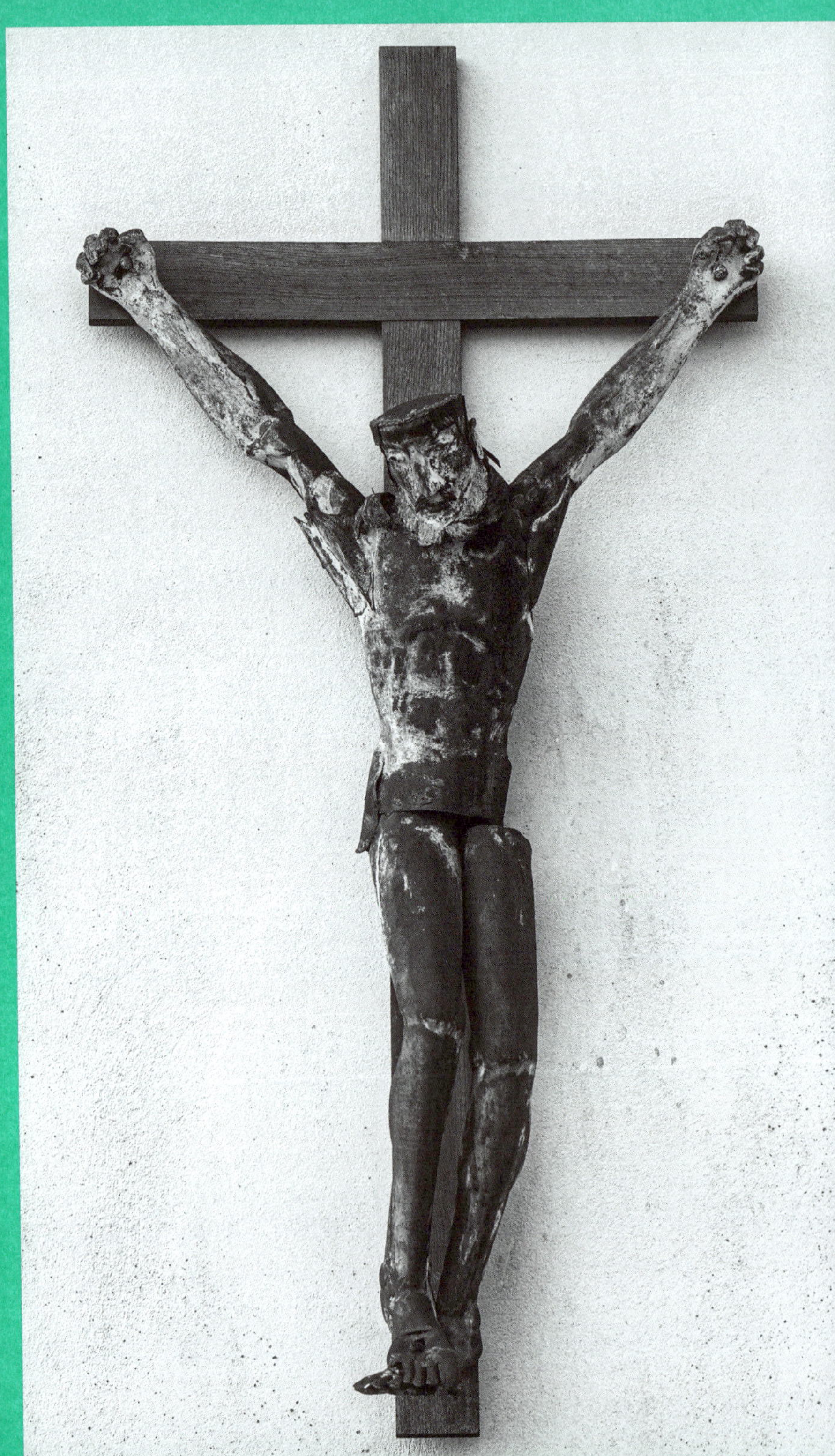

Staffelberg × Bad Staffelstein

Wo liegt Menosgada?

Ähnlich wie das Walberla bei Forchheim gilt auch der Staffelberg als heiliger Berg der Franken. Gleichfalls liegt hier das Gipfelplateau als Zeugenberg, ein isoliertes Kalksteinplateau mit schroffen Felsen an seiner nordwestlichen Kante, in der sonst eher milden Flusslandschaft des Obermains. Der Staffelberg befindet sich inmitten einer Kulturlandschaft mit reicher Geschichte. Der Main schließt die Gegend seit Jahrtausenden an die wichtigen Handelswege des europäischen Raumes an – den Mittelmeerraum genauso wie das Rheintal und die Küsten im Norden.
Unübersehbar führt uns diese jahrtausendealte Rolle als ein Verkehrsknoten bis in unsere Zeit. Am Rande der schroffen Kalksteinfelsen des Staffelbergs trifft der Blick zuerst Eisenbahntrassen, die Autobahn und unzählige Logistikzentren, bevor er an den Hügeln des rechten Mainufers schließlich den sandsteingelben Riegel des Klosters Banz fassen kann.

Auf dem Plateau selbst müssen seit über 4 000 Jahren Menschen gesiedelt haben, das zumindest legt die rege Ausgrabungstätigkeit nahe, die hier seit bald 200 Jahren zuverlässig Gewandfibeln, Tonscherben, Mauer- und Gebäudereste, aber auch menschliche und tierische Knochenreste aus den verschiedensten frühgeschichtlichen Epochen zu Tage fördert.
In den Jahrhunderten vor Christi Geburt muss sich auf dem Gipfelplateau und unmittelbar unterhalb der steilen Felsnadeln auf dem Sockel des Bergs eine größere keltische Siedlung befunden haben. Wobei der eher

zugige Platz oben auf dem eigentlichen Berg der Führungsriege vorbehalten gewesen sein muss. Mächtige Toranlagen und meterhohe Stein- und Bretterwände, die geschickt in das Gefälle der meist steilen Hänge eingefügt worden waren, sicherten die Keltenstadt nach außen ab. Teilweise waren diese Wände an ihrer Innenseite durch eigens aufgeschüttete Wälle abgesichert. Wenn auch die geplante Rekonstruktion einer vor etwa zehn Jahren entdeckten Toranlage bislang gescheitert ist, ein Stück dieser sogenannten Pfostenschlitzmauern kann heute im nordwestlichen Eck des Gipfelplateaus besichtigt werden. Die verschiedenen Münzen, der metallene Gewandschmuck, Schwerter, wie auch die verschiedensten Tonscherben, die auf dem Gelände des Staffelbergs gefunden wurden, legen nahe, dass die Kelten in den Jahrhunderten vor Christi Geburt dort oben

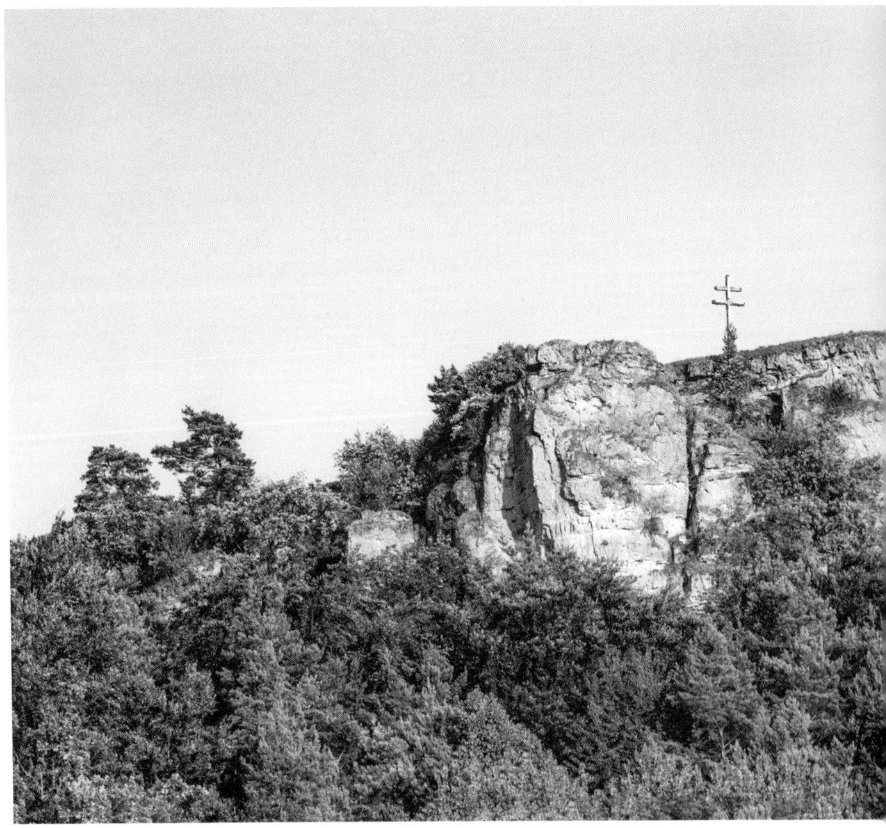

in regem Austausch mit dem Mittelmeerraum, vor allem mit Griechenland und Rom gestanden haben müssen. Wir wissen, dass sich immer wieder Kelten in den römischen Heeren verdingten und dort als hoch geschätzte Soldaten zu Ehren kamen.

Die keltische Stadt taucht – so zumindest ist man sich rund um den Staffelberg heute sicher – in einem der maßgeblichen historischen geografischen Werke des frühen ersten Jahrtausends nach Christi Geburt auf. Angeblich ist der Staffelberg jenes Menosgada, das Ptolemäus in seiner „Germania magna" auflistete. Der alexandrinische Universalgelehrte und Geograf hatte versucht, das weltkundliche Wissen seiner Zeit in einem großen Werk zu sammeln und listete für die Gebiete jenseits des

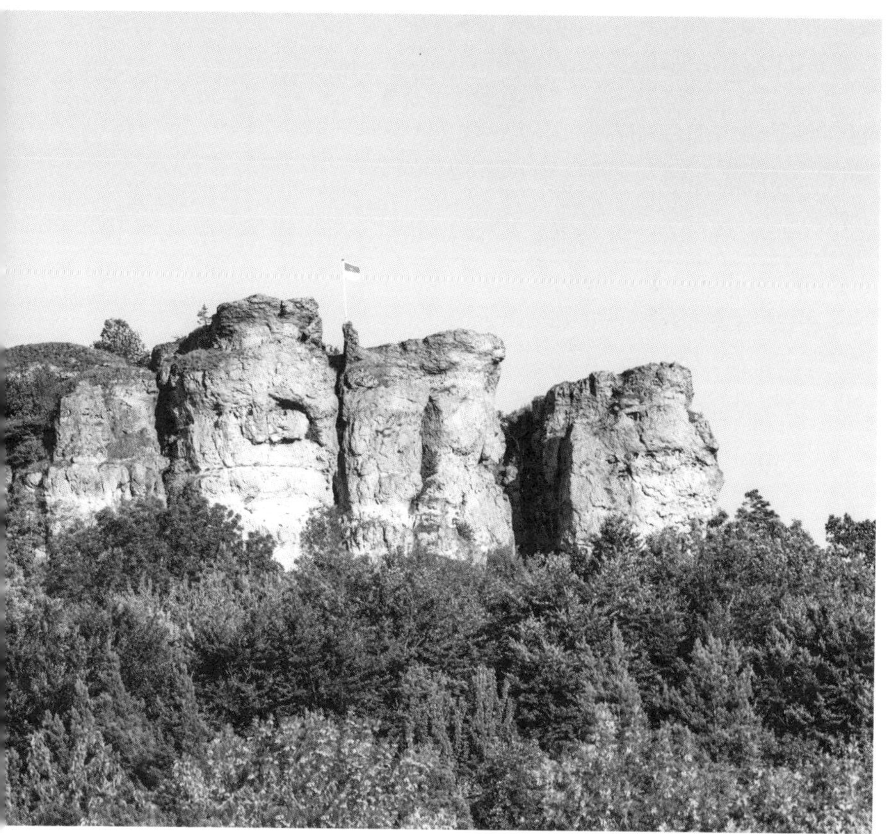

römischen Limes eine ganze Reihe damals wichtiger Örtlichkeiten samt deren geografischen Koordinaten auf.
Allerdings sind die Koordinaten, die der Gelehrte zu jedem dieser Orte angab, weniger Resultat präziser Messungen, sondern dessen Berechnungen anhand geschätzter Weglängen und Beobachtungen verschiedenster Reisender in diesen Gebieten. Auch bei den Ortsnamen vertraute Ptolemäus auf die Angaben seiner Zuträger. Die Präzision seiner Koordinaten – so zukunftsweisend sein Kartierungsverfahren sich für alle folgenden Geodätinnen und Geodäten auch erweisen sollte – lässt es heute nicht zu, Menosgada eindeutig auf eine moderne Landkarte zu übertragen, geschweige denn, ein verwertbares Ergebnis bei der Suche im Auftritt irgendeines Kartendienstes im digitalen Netz zu zeitigen.
Seit Mitte des 19. Jahrhunderts findet deshalb ein recht eindrucksvoller Wettstreit verschiedenster Orte in der Region statt, die für sich beanspruchen, Nachfolger jener Stadt der Antike zu sein. Die einen berufen sich auf etymologische Überlegungen zum Namen Menosgada, die anderen auf archäologische Funde innerhalb ihrer Gemeindegrenzen und wieder andere versuchten ihr Glück mit keinem anderen Beweis, als der Lage ihrer Stadt am Mainufer.
„Menosgada" ist ein beliebter Name für regionale Krimis, Kulturveranstaltungen und Metalbands. Ebenso greift die Tourismuswerbung gerne auf Ptolemäus zurück. Leider jedoch gibt die Geschichtswissenschaft keine klare Auskunft auf die Frage nach dem genauen Standort jener Stadt. Hinzu kommt, dass die keltische Großsiedlung auf dem Staffelberg zu Lebzeiten von Ptolemäus bereits verlassen worden war. Einige wenden ein, dass der griechische Gelehrte, der zur Abfassung seiner „Germania Magna" seine Heimatstadt Alexandria selbst nie verlassen hatte, darauf warten musste, bis ihm meist römische Militärs oder Händler, Nachrichten

aus den finsteren Wäldern nördlich des Limes und der Donau zutrugen. Bei den damaligen Reisegeschwindigkeiten sicher ein zeitraubendes Unterfangen, nur ob diese Nachrichten länger als ein Menschleben benötigten, um aus Franken an die Nilmündung zu gelangen, ist fragwürdig. In jüngster Zeit kam aus der Geschichtswissenschaft eine Reihe ernsthafter Zweifel gegen den Staffelberg als das ptolemäische Menosgada. Deren Thesen stützen sich auf neuere Erkenntnisse zur sprachgeschichtlichen Herkunft des Namens. Demnach bedeutet der Name weniger „Stadt am Main gelegen", als vielmehr so etwas wie eine Gasse oder eine Furt durch den Main. Die könnte, so der Gedanke, bei Hallstadt in der Nähe von Bamberg gelegen haben, denn dort war zu Lebzeiten des Ptolemäus ein für den Handel wichtiger Knotenpunkt, wo sich Wasserwege mit Straßen über Land kreuzten. Die Unschärfe der ptolemäischen Koordinaten lässt diese Spekulation durchaus zu.

Derartig akademische Gedankenspiele schmälern die Popularität des Staffelbergs eher wenig. Zu eindrucksvoll ist das windige Hochplateau, der Ausblick von dort über das Maintal. Mit Banz und Vierzehnheiligen liegen zwei Klöster in Sichtweite – beide ebenfalls mit Jahrhunderten eigener Geschichte. Auf dem Staffelberg – mit seiner eher heidnischen Vorgeschichte – wurde immerhin eine Kapelle gebaut. Diese steht neben eindrucksvollen, aus Balken gezimmerten Holzkreuzen, die am Rande des Plateaus vermutlich das Terrain in jeder Himmelsrichtung gegen alles allzu Unchristliche absichern sollen.
Spätestens seit der Karolingerzeit findet sich das Kirchlein auf dem Gipfel des Staffelbergs. In den Bauernkriegen zerstört, wurde es im 17. Jahrhundert wieder aufgebaut, neben einer Behausung für einen Eremiten, der dort oben nach dem christlich Rechten zu sehen hatte. Im Barock bekam das Gotteshaus eine ganz besondere Sehenswürdigkeit: In der Fastenzeit

vor Ostern ist dort eine Art Osterkrippe zu bewundern, eine teilweise bewegliche Kulisse aus bemaltem Holz, in der verschiedene Szenen der Leidensgeschichte Christi gezeigt werden. Der Bayerische Rundfunk – sonst ja eher fromm, katholisch und bisweilen ein bisschen bigott – verpasste der Apparatur den schönen Namen „Jesus-Mobile".

Dass sich der Berg mit seiner reichen Geschichte, den Märchen und Mythen, die sich um ihn ranken, auch auf den Reiserouten der esoterischen Szene findet, wundert kaum. Hier oben treffen sich so die verschiedensten Ausprägungen. Die einen suchen feinstoffliche Energien, die dort in hoher Konzentration zu spüren sein sollen, die anderen entdecken im Rückschluss auf das keltische Erbe des Ortes den Wert ihrer eigenen neuentdeckten naturreligiösen Wurzeln. Wobei das Keltische dabei je nach eigener Präferenz als Schlüssel zu einem neuen, bisweilen verwegenen Verständnis natürlicher Kreisläufe dient. Oder aber – wie schon seit dem 19. Jahrhundert – als unabhängiger, geschichtlicher Bezugspunkt für eine eigene nationale Identität.

So wird dann auch die fortgesetzte Suche nach Ptolemäus' Menosgada verständlich: Denn hier oben in den Überresten jener geheimnisvollen Stadt des Altertums ließe sich ja mit ein wenig Glück der Beweis finden für die eigenständige Größe der Kelten. Vielleicht, so hofft und hoffte mancher stramme Nationalist, sogar ja auch für die Überlegenheit des ganzen germanischen Menschenschlags über die klassischen Mittelmeerkulturen.
Bisher ist, wie gesagt, noch nicht einmal der Name selbst geklärt. Und die Funde auf dem Staffelberg weisen eher darauf hin, dass das Keltische hauptsächlich vom Austausch mit den Nachbarn im Süden profitierte. Zu nationalistischer Euphorie im Sinne einer unabhängigen Hochkultur auf

deutschem Boden geben die Funde nur sehr bedingt Anlass. Und so bleiben für das heilig Erhabene des Bergs nur die Kirche, drei eindrucksvolle Lattenkreuze und allenthalben die rot-weißen Flaggen mit dem Wappen der Franken.

INFO

Anfahrt: Der Staffelberg ist vom Bahnhof Bad Staffelstein nach einer anderthalbstündigen Wanderung leicht zu erreichen. Am Friedhof im Südosten der Stadt führt der Wanderweg über die Autobahn zu den Grabungen rund um das keltische Zangentor unterhalb der Felsklippen des Bergs und weiter bis auf das Gipfelplateau mit der Kapelle und der rekonstruierten Pfostenschlitzmauer. Von dort lässt sich in gut einer Stunde Wanderung die Wallfahrtsbasilika Vierzehnheiligen erreichen.

Zur Stärkung: Die Brauerei Dremel ist eine typisch fränkische Dorf-Brauerei mit exzellentem Bier. Im Wirtshaus gibt's anständige hausgemachte fränkische Küche. Sollten die Gaststuben mit den vielen Einheimischen überfüllt sein: Der kleine Ort hat übrigens noch eine zweite Brauerei gleich schräg gegenüber.

Brauerei Dremel
Hauptstraße 21, 96196 Wattendorf
Tel.: 0049-9504-271
info@brauerei-dremel.de; www.brauerei-dremel.de

Oberpfalz
und
Niederbayern

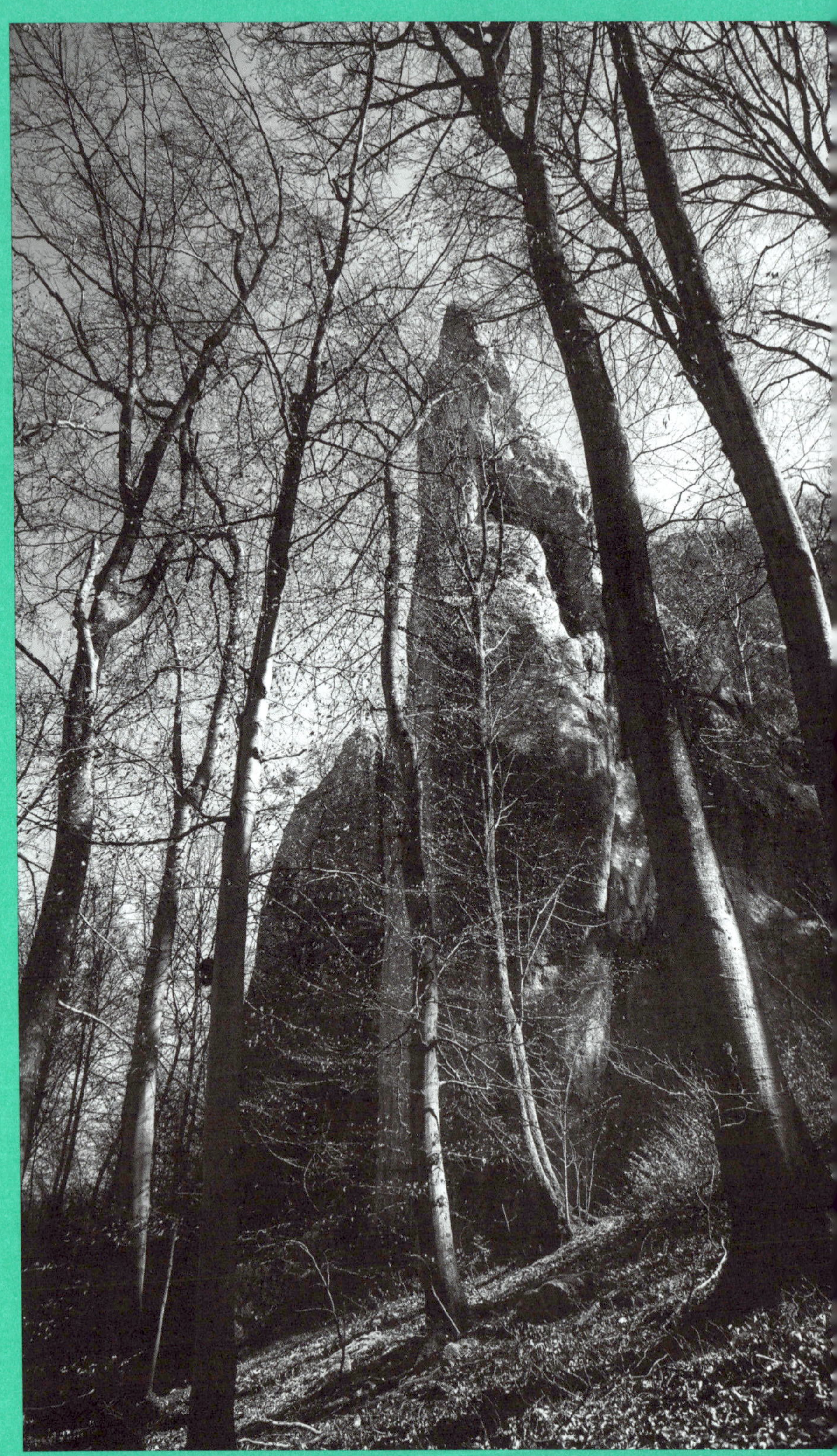

Schellnecker Wänd × Altessing

Kultplatz und Scherbenhaufen

Woher die Faszination rührt, die das Keltentum auf die esoterische Szene ausübt, ist oft schwer zu greifen. Sie bezieht sich weniger auf deren tatsächliche kulturelle Errungenschaften, ihre Lebensweise, ihre Siedlungen, ihre vielfältigen Hinterlassenschaften und damit auf die eher wissenschaftliche Basis, die aus den verschiedenen Disziplinen der Geschichtswissenschaft in den vergangenen bald 200 Jahren europaweit zu den unterschiedlichen Stämmen der Kelten zusammengetragen wurden.
Mit dem Aufkeimen des deutschen Nationalbewusstseins in der ersten Hälfte des 19. Jahrhunderts verband sich, ausgehend von den historischen Lehrstühlen im gebildeten Bürgertum, aber auch in einfacheren Bevölkerungsschichten, die Suche nach einer einheitlichen keltischen Kultur mit der Hoffnung nach einer unabhängigen, dem Wesen nach deutschen Kultur. In Bayern freilich beschränkte man sich bei der Untersuchung der heimischen Funde in den einstigen keltischen Wohn- und Kultstätten auf die Suche nach dem Ursprung der bayerischen Identität. Noch heute begründen historisch interessierte Bayerinnen und Bayern das sonst ja eher rotzige „Mia san mia" mit dem Verweis auf die Abstammung des Volksstammes auf jene hünenhaften, blonden und blauäugigen Kerle, wie die Kelten in der nationalbewussten Geschichtsschreibung des deutschen Vormärzes gerne verklärt wurden.
Unter den zeitgenössischen Gefolgsleuten esoterischer Glaubensweisheiten sind derartig patriotische Töne bisweilen heute noch zu vernehmen:

eine Sehnsucht nach der „Blonden Bestie", die ihre Kraft aus dem unerschöpflichen Reichtum der Natur, ihren Wassern, Felsen und jahrtausendealten Baumheiligtümern schöpft. Inzwischen hat sich eine ganze literarische Gattung gebildet, die Baumhoroskope herausgibt, heilkundliche Tipps aus antiken, mittelalterlichen oder sonst wie gut abgehangenen Quellen zusammenklaubt und diese immer wieder neu auflegt. Das vermeintlich okkulte Wissen einer naturweisen, keltischen Priesterkaste wird aus teils trüben Quellen gefischt und in immer neuen Verpackungen – sei es in Onlineblogs, Ratgeberbüchern oder Romanen – ver- und vorgelegt. Gerne mischt sich das alles mit allerlei Problemen und Aufregern des jeweils aktuellen gesellschaftlichen und politischen Diskurses: Die stolze Haltung des Keltenkriegers steht zum Beispiel bei dem hoch im Kurs, der beobachtet haben will, dass unsere Zeit vom finsteren Treiben der Kapitalmärkte, der Industriebosse oder der Pharmamafia korrumpiert wird. Die naturschlaue Hingabe der keltischen Druiden zu Tier, Fels, Baum und anderem Kraut muss unweigerlich diejenigen beeindrucken, denen beim offensichtlich hoffnungslosen Rückzug unserer Fauna und Flora in der Gegenwart angst und bange wird.

Das Paradoxe ist nur, dass wir nicht wissen, ob die Kelten mitsamt ihren Priestern für derartige Hoffnungen überhaupt taugen. Lässt man die literarischen Quellen der Autoren der griechischen und römischen Antike einmal außen vor, dann gibt es nur wenig Zeugnis und kaum Quellen zu Religion und Weltauffassung der Kelten. Wir wissen weder, ob sie all jene Bäume und Felsen selbst als Naturgottheiten anerkannten, oder ob sie eher unbestimmte Mächte und Götter dahinter anbeteten. Ob die Opfer, die sie darbrachten, den Göttern selbst galten, ob mit ihnen eine Schuld beglichen oder erst eine Schuld begründet wurde. Ob man sich für eine überstandene Krankheit, einen unbeschadeten Kriegseinsatz oder eine erfolgreiche Ernte bei irgendjemandem oder irgendetwas bedanken musste. Oder ob man mit dem Opfer gewissermaßen erst einmal einzahlte in sein kosmisches Konto, Gott oder die Natur damit in die eigene Schuld setzte und so etwa die erhoffte unversehrte Heimkehr von einer gefährlichen Reise als einen gerechtfertigten Anspruch an die Götter begründete. Wir wissen nur, dass die Kelten Opfer darbrachten. Caesars „De Bello Gallico" spricht davon genauso wie zahlreiche andere griechische und römische Zeitzeugen. Deren Aussagen decken sich allenthalben mit den archäologischen Funden.

Am unteren Lauf der Altmühl, kurz bevor der Fluss als Rhein-Main-Donau-Kanal unterhalb der Kelheimer Befreiungshalle in die Donau mündet, ragt am linken Ufer eine Gruppe markanter Felsnadeln aus dem Buchenwald hervor. Sie bieten eine eindrucksvolle Kulisse, egal ob man aus dem kleinen Örtchen Essing auf sie herüberblickt oder unmittelbar vor ihnen die 60 Meter aufragende Steilwand emporblickt. Kletterbegeisterte haben das Gelände heute in Beschlag genommen und so weisen die einzigen Informationstafeln vor Ort auch nicht auf die archäologische Besonderheit des Terrains hin, sondern auf erforderliche Vorsichtsmaßnahmen für das sportliche Klettern.

Seit den 70er-Jahren fanden direkt unterhalb der Wände eine Reihe wissenschaftlicher Grabungen statt, die damals eine Schicht von Keramikscherben zutage förderten. Wie ein Fächer breiteten sich die Splitter vor dem Felsen aus. Sie stammen aus der Übergangszeit von der Bronze- zur Eisenzeit um 800 v. Chr. An einigen der Scherben ließen sich im Labor Lebensmittelreste – Getreide, aber auch tierische Fette – nachweisen. Genauso fanden sich kleine Knochen von Geflügel und kleineren Tieren zwischen den Scherben, teils waren diese verkohlt und wohl verbrannt worden. Als plausibelste Erklärung für den Schellnecker Scherbenhaufen scheint den Archäologinnen und Archäologen bis heute, dass über einen längeren Zeitraum immer wieder mit Speiseresten gefüllte Tongefäße von der obersten Kante der Klippe geworfen worden waren. Nachdem sich hier vor Ort keine Siedlung nachweisen lässt, geht man davon aus, dass die Schellnecker Wänd als Felsturmopferplatz gedient haben muss. Damit reiht sie sich ein in eine ganze Gruppe ähnlicher Orte im Gebiet der Fränkischen und Schwäbischen Alb, an denen die frühen Kelten offensichtlich ihre Opfer darbrachten.

Im Übrigen ließen sich ähnliche Funde auch in Felsspalten und Höhlen beobachten. Entsprechend geht die Wissenschaft heute ganz allgemein davon aus, dass sich die Kelten für ihre kultischen Handlungen markante Plätze in der Natur aussuchten.

In Laufweite der Schellnecker Wänd entstand bis zum 4. Jahrhundert v. Chr. die immerhin zweitgrößte Keltenstadt Europas. Mit über 600 Hektar umfasste sie den gesamten Michelsberg, der im Westen von Kelheim über die Mündung der Altmühl in die Donau wacht. Im Süden bricht der Rücken an den steilen Klippen des Donaudurchbruchs jäh ab. Seine nördliche Kante schmückt reicher Laubwald, auch wenn hie und da wie bei Essing der blanke Fels aus dem Blätterdach hervorbricht. Auf dem Plateau des Michelsbergs befand sich ein Zentrum der keltischen Eisenproduktion mit Abbaustätten, Hütten und Schmieden.

An der Schellnecker Wänd gab es eine Reihe von Funden, die auf die lange vorgeschichtliche Siedlungstradition des unteren Altmühltals verwies. Unter einem ihrer Felsüberhänge wurde ein steinzeitliches Grab von einer Mutter mit Kind entdeckt. Beide wenden sich im Tod ihre Gesichter zu, die Beine angezogen, wie bei Bestattungen in dieser steinzeitlichen Periode üblich. Der rechte Arm der Mutter lag unter dem Kind, dessen eine Wange auf ihre Handinnenfläche gelegt worden sein müssen. Rechts und links der Köpfe fanden sich einige kleinere Werkzeuge und Klingen. Außerdem waren über das ganze Grab Knochen eines etwa krähengroßen Vogels verstreut. Der knöcherne Schnabel des Tieres lag auf der Stirn des Kleinkindes.

Selbstverständlich lässt sich über die tiefere Bedeutung dieser Bestattung heute nur noch wenig sagen. Vielleicht ist das aber auch der Reiz, den keltische und frühgeschichtliche Funde für uns ausmachen: Wen rührt die mütterliche Fürsorglichkeit im Angesicht des Todes nicht an? Und wer fühlt sich nicht bemüßigt, angesichts der teils unheimlichen Grabbeigaben selbst zu spekulieren: über Raben als Symbol des Todes, über Vögel als Bild der Freiheit. Das Privileg der gefundenen Leichen ist es, dass sie uns die Antworten auf unsere Fragen wie in all den Jahrhunderten davor schuldig bleiben dürfen. Redlich wäre es von uns, ihnen keine Antworten abzunötigen auf Fragen, die wir immer nur hier, heute und ausschließlich für uns selbst beantworten können.

INFO

Anfahrt: Aus der Kelheimer Altstadt zunächst den Schildern in Richtung Befreiungshalle folgen, dann allerdings nicht links auf die Serpentinen hinauf zum Michelsberg abbiegen, sondern weiter geradeaus durch das Altmühltal fahren. Unmittelbar vor der Brücke am Archäologiepark Altmühltal mit dem Keltentor parken und am rechten Flussufer die Altmühl aufwärts wandern. Nach knapp zwei Kilometern ragen die Felstürme der Schellnecker Wänd aus dem Wald.
Nach Kelheim fährt regelmäßig ein Bus vom Bahnhof Saal an der Donau. Zu Fuß bietet sich eine schöne Tageswanderung über das Befreiungsdenkmal, den Michelsberg hinunter zur Altmühl und dem Rhein-Main-Donau-Kanal an.

Sehenswert: Im archäologischen Museum der Stadt Kelheim sind zahlreiche Exponate aus dem keltischen Oppidum ausgestellt, außerdem einige Funde aus den Grabungen unterhalb der Schellnecker Wänd.
Archäologisches Museum der Stadt Kelheim
Lederergasse 11, 93309 Kelheim
Tel.: 0049-9441-10409
info@archaeologisches-museum-kelheim.de
www.archaeologisches-museum-kelheim.de

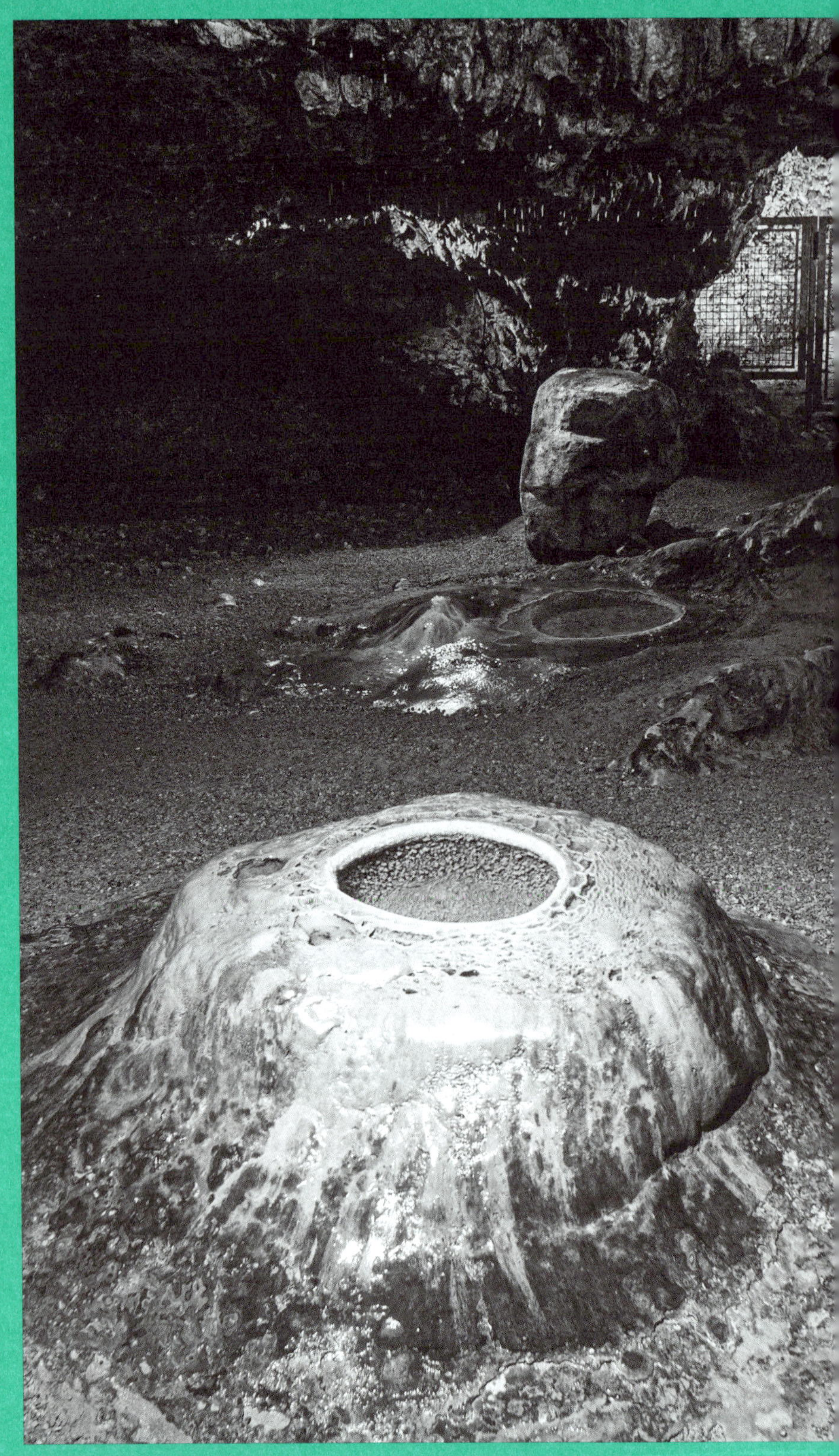

Schulerloch × Essing

Die Schule für Druiden

„Im Verborgenen, in geheimen Schluchten oder in Höhlen bilden die Druiden in langen Zeiträumen von bis zu zwanzig Jahren den höchsten Adel der Kelten aus", so berichtet um 40 n. Chr. Pomponius Mela sinngemäß im dritten Band seiner Kosmographie. Der Satz wurde – im lateinischen Original – auf eine hübsche Kachel gebrannt in den achteckigen Turm eingelassen, der heute über den Eingang des Schulerlochs wacht, einer Tropfsteinhöhle unter den Uferhängen der Altmühl.

Kurz bevor der Fluss und mit ihm der Rhein-Main-Donau-Kanal bei Kelheim in die Donau mündet, brechen hier am linken Ufer einige felsige Kuppen aus den bewaldeten Uferhängen hervor. Auf einer dieser Karstnasen wurde ein kleiner, sechseckiger Pavillon errichtet. Er markiert beim Blick von der Altmühl herauf in etwa das Gelände, unter dem sich die Höhle befindet. Sie ist seit ihrer Entdeckung – oder besser seit ihrer ersten wissenschaftlichen Beschreibung am Ende des 18. Jahrhunderts – ein herausragender touristischer Magnet. In der gleichen Weise hat die Höhle aber auch immer wieder archäologische Teams und andere gelehrte Frauen und Männer angezogen – neben allerhand Wirrköpfen und Glücksrittern.

„Wohl durchwanderte noch kein Tourist das Altmühlthal, der diese merkwürdige Höhle nicht besucht und nicht ein Stückchen von einem Tropfstein aus derselben als Andenken mitgenommen hätte", empfahl gegen Ende des 19. Jahrhunderts der Schullehrer Johann Baptist Stoll in einem kleinen Reiseführer über das Kelheimer Befreiungsdenkmal den Gästen der Höhle.

Ihre wissenschaftliche Entdeckung verdanken wir einem Laienbruder des nahen Klosters Weltenburg. Frater Edmund Schmid, Sohn eines Forstmeisters, hatte mit seinem zeichnerischen und handwerklichen Geschick nicht nur in seiner Abtei auf sich aufmerksam gemacht. Der Ordensmann stand in regem Kontakt mit der Bayerischen Akademie und korrespondierte über einen Manchinger Benefiziaten und Schulinspektor mit dem Münchner Historiker und Akademieprofessor Lorenz von Westenrieder. Wie andere Brüder des Klosters auch lieferte er der Münchner Akademie Bilder und Beschreibungen historischer und naturkundlicher Besonderheiten aus der Umgebung des Klosters. Frater Schmids Zeichnung der Teufelsmauer – wie der befestigte Abschnitt des römischen Limes in der Gegend genannt wurde – nahm Westenrieder in eines seiner historischen Werke über die Landschaften Bayerns auf.
Im Auftrag der Akademie stieg der Klosterbruder im Herbst 1782 in das Schulerloch und lieferte eine mehrseitige Beschreibung des Ortes an die Akademie. Leider ist diese bis heute verschollen, wir wissen nur aus dem etwas schwülstig geratenen Dankschreiben jenes Manchinger Pfarrbenefiziaten, dass Frater Edmund seine Aufgabe zur Zufriedenheit der Münchner erledigt haben muss.
Kurz nach Schmids Tod 1786 versuchte Adrian von Riedl, ein Münchner Akademiemitglied, der als hoher Beamter des kurbayerischen Staates ganz in der Nähe bei Bad Abbach die Sprengarbeiten für den Donaukanal beaufsichtigte, dem Pater seinen Ruhm als Entdecker streitig zu machen. Sehr geschickt inszenierte er 1791 seinen Abstieg in die Höhle und in der Tat findet sich eine Zeitlang der Ort als Riedl-Höhle geführt. Von ihm stammen auch die ersten Spekulationen über ihren Namen, denn in der

Umgebung war die vermeintlich von ihm entdeckte Höhle bereits lange Zeit als Schulerloch bekannt.
Riedl war es, der aus dem „Schuler" im Namen schlicht ein „Schüler" machte und sich sicher war, sie sei „vor der Einführung des Christentums ein Aufenthalt der Druiden, eine Druidenhöhle gewesen, worin diese ihren zahlreichen Schülern in der Gotteswissenschaft, in der Naturgeschichte, Arzneikunst und anderen Dingen geheimen Unterricht erteilten". Allerdings übersah Riedl, dass es schon vor seiner Entdeckung Sagen und Geschichten in der Umgebung gab, die von einem fürchterlichen Raubritter erzählen, der dort in der Höhle gemordet und geraubt haben und nach seinem Tod als verfluchte Seele immer noch die Gegend geplagt haben soll. Unter dem Eintrag „Schuller" oder bisweilen „Schüller" in den Wörterbüchern des Altbayerischen fanden sich schon zu Riedls Zeiten die Begriffe „Schurke", „Grobian" oder auch „Räuber".
Doch schien sich die Geschichte mit den Keltenpriestern, die dort im Dunkeln des Kalksteinlochs ihre Schüler unterrichteten, oder einen geheimen Aufbewahrungsort für ihre geweihten Artefakte, Fahnen und liturgischen Gerätschaften unterhielten, in der Zeit der frühen Romantik besser zu verfangen als ein schnöder Eintrag in einem Lexikon des Mundartgebrauchs. Umso mehr, als man sich an den Akademien damals ohnehin gern mit den Kelten beschäftigte und in ihrer Kultur so etwas wie den historischen Grundstein für ein eigenständiges deutsches – wahlweise bayerisches – Kulturwesen suchte.

Es passt gut dazu, dass sich noch vor der Julirevolution ein Freimaurer, Anton von Schmauß, großzügig aus dem Schatz der säkularisierten Ordensgüter bediente und 1825 die Erzwerke in Essing aufkaufte, mitsamt einem großzügigen Gelände auf beiden Seiten der Altmühl, zu dem auch die Höhlen gehörten. Jener Schmauß war es übrigens, der auch den

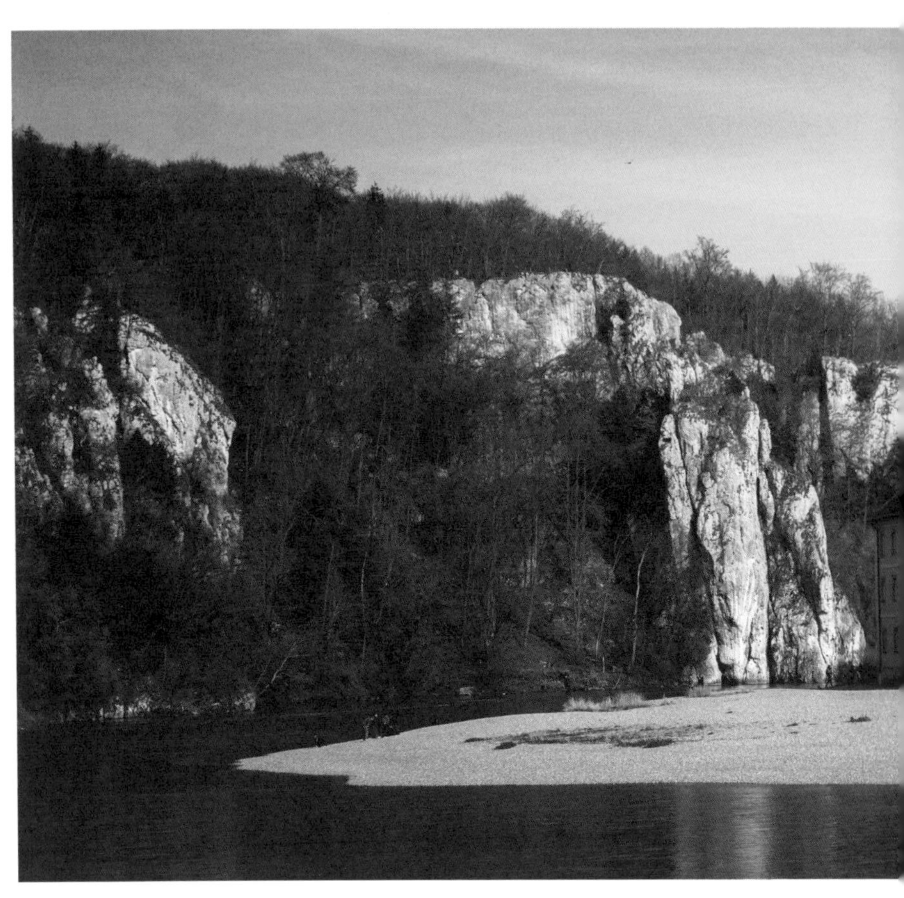

ursprünglichen Eingang der Höhle zumauern, den Aussichtspavillon und den achteckigen Turm errichten und dort jene romantisch versponnenen Kacheln mit dem Pomponius-Zitat anbringen ließ. Es heißt, bisweilen soll er mit seinen Logenbrüdern unter den Tropfsteinen geheime Freimaurerzeremonien abgehalten haben. Selbst die heutige Eigentümerfamilie der Höhle erreichen bisweilen Anfragen aus Freimaurerkreisen, die nach wie vor den Platz als einen ihnen geweihten Ort ansehen.

Schmauß selbst hat den Höhlen schon nach kurzer Zeit wieder den Rücken gekehrt. Offenbar störten ihn in seinen keltisch-romantischen Träumen die eher profanen und lärmenden Bauarbeiten für den

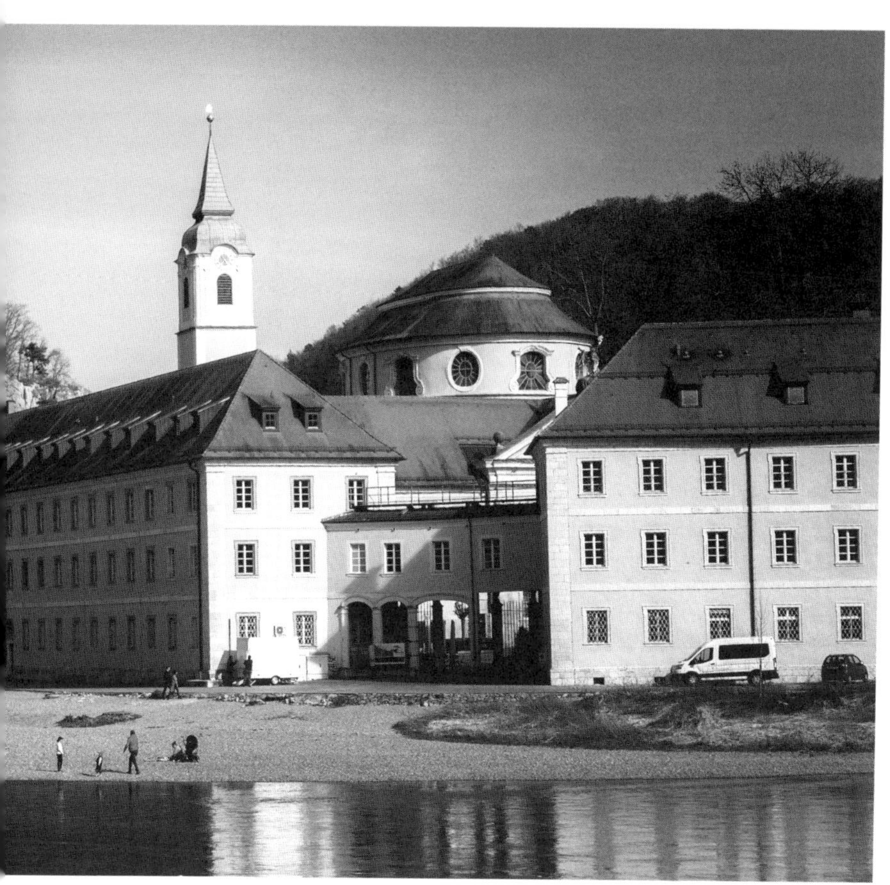

Rhein-Main-Donau-Kanal, die hier um die Mitte des 19. Jahrhunderts begannen.

Dabei waren in der Höhle durchaus wertvolle Funde zu entdecken, die bis in die Steinzeit zurückreichen. Die ersten wissenschaftlichen Grabungen führten 1915 zwei archäologiebegeisterte Laien, der Zahnarzt Dr. Falk Schupp aus München und der Kelheimer Justizinspektor Alexander Oberneder durch. Schupp, der mit seinen frühgeschichtlichen Funden immer wieder Geschäftchen zu machen versuchte, wurde allerdings recht bald von den Grabungen ausgeschlossen. Zuletzt erteilten ihm die Herren der Münchner Akademie sogar Hausverbot am Schulerloch und strichen seinen Namen aus allen wissenschaftlichen Berichten zu den Grabungen. Diese legten in der Folge Gerätschaften aus Feuerstein genauso wie Überbleibsel aus der Bronzezeit frei.

In einer der Nebenhöhlen, dem Kleinen Schulerloch, wurden zudem Ritzungen in den Felsen gefunden, die schnell als Bilder von Rentieren und als ein Text in Runenschrift identifiziert wurden. Die Datierung der Felszeichnungen ist heute allerdings schwierig. Nicht zuletzt, weil die Rillen unsachgemäß gereinigt und sogar der besseren Sichtbarkeit wegen nachgeritzt wurden. Genauso half es wenig, dass bald nach der Entdeckung 1937 ein Gipsabdruck der Zeichnungen angefertigt und damit weiteres Material von der Felsoberfläche abgetragen wurde, das für eine verlässliche Datierung dringend benötigt worden wäre. Ob also die Inschrift – neben der Rentierzeichnung steht „Birg, lieb dem Selbrad" – Liebesgrüße aus der jüngeren Steinzeit sind, ist wissenschaftlich umstritten.

Die Höhle ist heute nach wie vor in Privatbesitz. Die Eigentümer sind überzeugt, dass in ihr ein besonderes, auch spürbares energetisches Kraftfeld herrscht. Ein Feld, das geeignet ist, den eigenen Bedarf an kosmischer Energie aufzutanken. Bisweilen wird zu eigenen energetischen Führungen durch das Schulerloch eingeladen, bei denen die Gäste im Dunkel der Höhle den kosmischen Energiefeldern nachspüren sollen. Die Höhle mit ihrem weltweit einzigartigen Tropfsteinbecken ist damit heute, wie schon in den Jahrhunderten und Jahrtausenden davor, immer mit eigenem Interesse betreten worden. Die einen mögen in ihrem Gewölbe Geborgenheit gesucht haben, die anderen, neueren Besucherinnen und Besucher der letzten zwei Jahrhunderte eher Abenteuer, Zerstreuung und vielleicht auch etwas Selbstgewissheit.

Anfahrt: Vom Kelheimer Zentrum in Richtung Norden die Altmühl an einer der Brücken überqueren und danach dem Fluss auf der Staatsstraße auf der linken Flussseite aufwärts folgen. Kurz nach einem Natursteinwerk taucht oberhalb der Straße an den rechten Uferhängen ein kleiner Pavillon im Wald auf. Auf dem folgenden Parkplatz das Auto abstellen und den Schildern zum Schulerloch folgen.
Zu Fuß lässt sich das Schulerloch nach einer etwa anderthalbstündigen Wanderung aus der Kelheimer Innenstadt erreichen. Vom Bahnhof Saal an der Donau fahren regelmäßig Busse nach Kelheim.

Tropfsteinhöhle Schulerloch
Oberau 2, 93343 Essing
Tel.: 0049-9441-1796778
info@schulerloch.de; www.schulerloch.de
Führungen täglich von Mai bis Anfang September von 10-16 Uhr, halbstündlich. Im Winter ist die Höhle zum Schutz der Fledermäuse geschlossen.

Sehenswert: Es lohnt sich, bei Essing die Altmühlbrücke zu überqueren und der Beschilderung zum Kloster Weltenburg zu folgen. Auf dem bewaldeten Rücken des Michelsbergs finden sich eine Reihe keltischer Erzabbaustellen, Eisenhütten und Reste der keltischen Befestigungsanlagen. Unmittelbar am Donaudurchbruch bietet sich von der Höhe des Bergs herab eine tolle Aussicht auf die Donauschleife mit dem Kloster Weltenburg. Von Stausacker aus gibt es eine kleine Fähre über die Donau. Am anderen Ufer wartet das Kloster Weltenburg mitsamt seiner Brauerei. Südöstlich oberhalb des Klosters finden sich wieder zahlreiche frühgeschichtliche, keltische und auch römische Siedlungsspuren.
Benediktinerabtei Weltenburg
Asamstraße 32, 93309 Kelheim-Weltenburg
Tel.: 0049-9441-204-0
abtei@kloster-weltenburg.de
www.kloster-weltenburg.de

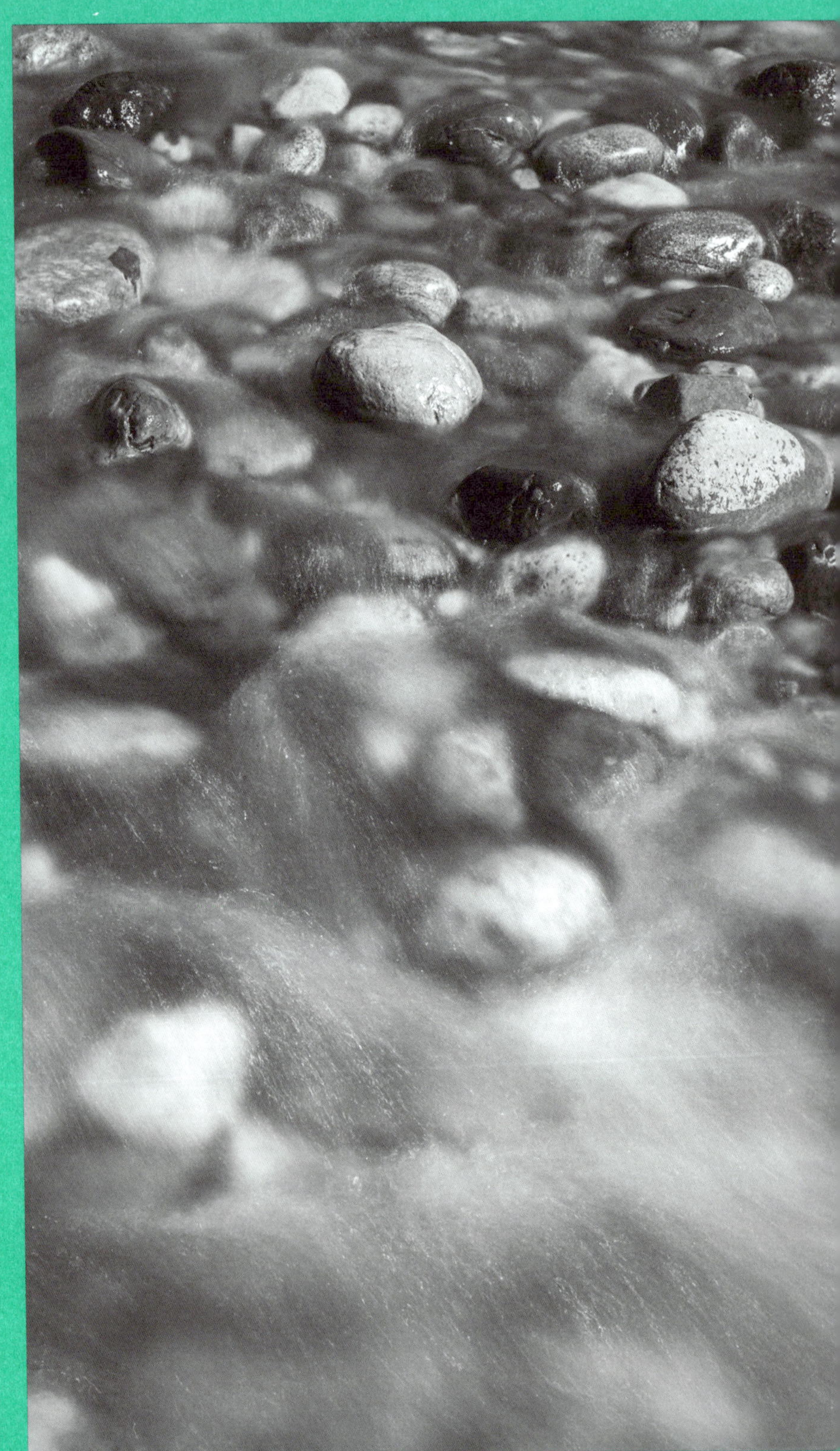

Kelsbachquelle × Ettling

Wasserlandschaft

Der Ort könnte unscheinbarer nicht sein. Unmittelbar östlich von Ingolstadt breitet sich das Donaubecken als eine eher belanglose Schwemm- und Kieslandschaft aus. Die Straßendörfer entlang der Kreisstraßen nördlich der Donau sind meist ohne großen Reiz. So entwickelt der Landstrich seinen eigenen Sog, der Reisende immer weitertreibt und kaum einmal den Blick freigibt für die Besonderheiten des flachen Geländes. Auf der Straße von Oberdolling nach Pförring an der Donau wuchern kurz vor dem Ortseingang des Dörfchens Ettling linker Hand entlang einer hier steil abfallenden Straßenböschung einige Haselbüsche und ein paar hoch aufragende Buchen. Am rechten Straßenrand schiebt sich die Brache eines aufgelassenen Steinbruchs ins Bild – eine rostige Schranke versperrt die Zufahrt, ein vernachlässigter Fußballplatz liegt unmittelbar daneben. Dennoch lohnt es sich, hier einen Halt einzulegen.

Unter den flavischen Kaisern – etwa in der zweiten Hälfte des ersten Jahrhunderts nach Christus – hatten die Römer begonnen, in dieser Gegend die Donau zu überschreiten, um ihre Herrschaft in den Provinzen Noricum und Rätien südlich der Donau mit Grenzbauten gegen die germanischen Stämme im Norden abzusichern. Ein Abschnitt des Limes ist östlich von Pförring noch zu besichtigen – einige rekonstruierte Wehrtürme und etliche Schautafeln eingeschlossen. Spätestens seit Kaiser Hadrian ab 117 n. Chr. waren auf dem Plateau zwischen Ettling und Pförring nördlich des Kelsbachs in einem befestigten Kastell berittene Streitkräfte der Römer stationiert.

Ihre Aufgabe dürfte zum einen natürlich in der Sicherung der Grenze bestanden haben, zum anderen wachten sie sicher auch über einen der beiden Donauübergänge in dieser Gegend. Der Strom hatte zwischen Großmehring und Pförring zu römischen Zeiten vermutlich kein wirklich festes Flussbett und neigte zudem bei Hochwasser regelmäßig dazu, die Landschaft zu überschwemmen. Die Kiesbänke in diesem Flussabschnitt zeugen davon, genauso wie die fruchtbaren Felder der Gegend.
Aus etlichen Quelltöpfen östlich von Ettling quillt glasklares Wasser aus dem karsthaltigen Grund. Einer dieser Töpfe liegt unmittelbar am Ortseingang unterhalb der zugewucherten Straßenböschung. Grünlich schimmert der Kalkfels unter der sonst spiegelglatten Oberfläche eines kleinen Weihers. Östlich fließt das Wasser in zwei kleinen Bächen ab und bildet einen Ring um ein verfallenes Gemäuer. Es sind die Reste einer mittelalterlichen Burg, von der heute nur noch ein Torbogen und die brüchige, etwa sechs Meter hohe Westwand des Hauptgebäudes zu sehen sind. Ein Bauernhof dahinter nutzt den Platz heute als Holzlager und Freilauf für das Geflügel. Einer der mittelalterlichen Burgbesitzer fiel während des dritten Kreuzzugs unter Friedrich Barbarossa, noch bevor er das Heilige Land erreichte. Einem anderen wurde ein Verhältnis mit Mechthild von Nassau angedichtet, der Ehefrau des Bayernherzogs und Pfalzgrafen bei Rhein, Rudolf I., genannt „der Stammler". Der Wittelsbacher ließ den unglücklichen Ritter und vermeintlichen Nebenbuhler aus Ettling 1302 in München kurzerhand köpfen.
Das Wasser aus den Quelltöpfen wurde damals vermutlich aufgestaut, sodass die Burganlage vollständig davon umgeben war. Davon ist heute allerdings nichts mehr zu sehen.
Expertinnen und Experten der Literatur- und Geschichtswissenschaften sehen in dem grünlichen Teich unterhalb der Kreisstraße einen der Schauplätze des Nibelungenliedes. In dem Ettlinger Quelltümpel soll Hagen von

Tronje, der die Nibelungen vom Rhein an Etzels Burg in Ungarn bringen sollte, auf die zwei „Meerwip", zwei Quellnixen im „Schönen Brunnen", gestoßen sein. Der sonst auch eher intrigante Held des mittelalterlichen Versepos stielt den Fabelwesen, die dort in Schwanengestalt „sam die vogele vor im ûf der flout" herumschwammen, ihr Gewand, das ihnen erlaubt hätte, in Menschengestalt aufzutreten. Derart kompromittiert presst Hagen den Damen zum einen die Auskunft über einen sicheren Weg über die Donau und zudem über das weitere Schicksal seiner Reisegesellschaft ab.

Die beiden möglichen Übergänge bei „Moeringen" – wohl Großmehring – und bei Pförring, „Feringa", kannte man seit den Römern. Wobei zu Hagens Zeiten Pförring bereits der wichtigere und damit besser bewachte Ort für eine Donauüberquerung nach Süden und in Richtung Bayern gewesen sein dürfte. Nach dem Besuch am Ettlinger Quelltopf muss Hagen in Richtung Westen aufgebrochen sein, um bei dem weniger befestigten Übergang nahe Großmehring schließlich einen bayerischen Fährmann zu erschlagen. Damit gelangte er in den Besitz eines Bootes für die Überfahrt Richtung Süden ins bayerische Kernland.

Auffällig ist die Geschichte mit den beiden schicksalhaften Nymphen in jedem Fall. Weniger, dass die beiden Damen über günstige Donauübergänge unterrichtet waren – vor allem ihr Wissen um die Zukunft und das unheilvolle Schicksal der Nibelungen verbindet sie mit klassischen Sagengestalten, die sowohl in der römischen als auch in der germanischen und keltischen Welt anzutreffen sind. Die drei Göttinnen, die den Schicksalsfaden der Menschen – aber auch der Götter selbst – in der Hand halten, kennen die Griechen unter dem Namen „Moiren" oder „Moira" als das personifizierte Schicksal. In der germanischen Mythologie wachen drei Frauen unter dem Weltenbaum Yggdrasil über Urd, den Strom des Schicksals.

In unmittelbarer Nähe des Römerkastells zwischen Ettling und Pförring fand sich bei Ausgrabungen ein Altarstein eines altertümlichen Heiligtums, das den Parzen, den römischen Schicksalsgöttinnen, geweiht ist. In den beiden Quellnymphen des Nibelungenlieds hallen also Geschichten wider, die eine jahrtausendealte Vorgeschichte haben. Gut vorstellbar, dass der Altarstein der Parzen, den die Römer zurückließen, auch alten keltischen oder germanischen Gottheiten galt. Gottheiten, die an der Quelle des Kelsbachs ihren Sitz hatten, so wie auch das satte Grün, die Bewegung der Mühlräder und der Reichtum hier in dieser Gegend ihren Ursprung in den klaren Wassern der unergründlich sprudelnden Quelltöpfe haben. Noch Anfang des 20. Jahrhunderts erzählte man sich in Ettling, dass die letzten Besitzerinnen der Wasserburg unmittelbar an der Kelsbachquelle zwei alte Jungfern gewesen sein sollen.

Dass das Wasser und seine Kraft den Ort über Jahrmillionen bestimmen, zeigt im Übrigen der aufgelassene Steinbruch auf der anderen Seite der Kreisstraße. Über zehn Meter und mehr türmen sich dort die Kalksteinplatten übereinander, die vor 150 Millionen Jahren Sedimente eines tropischen Flachmeers hinterlassen haben. Wie Buchseiten oder Leinwände stapeln sich die nur wenige Zentimeter dicken Plattenkalkschichten aus dem Oberjura horizontal übereinander. Teils so lose, dass man sie mit der bloßen Hand abheben kann. Sie sind wie Seiten in einem besonders zerbrechlichen Buch des Lebens.

Lange galt der Steinbruch als frei von Fossilien und wurde von der Wissenschaft kaum beachtet. Doch immer wieder sprachen im Juramuseum in Eichstätt Interessierte vor, die bei ihren Hobbygrabungen in Ettling Fossilien gefunden hatten. Allerdings waren diese Funde häufig stark beschädigt oder bruchstückhaft, weil kaum ein Laie die Tierreste aus dem äußerst porösen Kalkmaterial zu lösen verstand. Seit 2007 finden im Steinbruch nun wissenschaftliche Grabungen statt und förderten seitdem Sensationelles zutage: Fischfossilien, wie sie nirgendwo sonst gefunden werden konnten. Teils sind deren Schuppen- und Farbmuster heute noch erkennbar. Teils fanden sich in Ettling Fossilien von Fischen, die sonst nur in Frankreich ausgegraben wurden. Teils erlaubte die Untersuchung des Mageninhalts der Tiere den Wissenschaftlerinnen und Wissenschaftlern genauere Rückschlüsse auf deren Lebensweise. Offenbar hatte sich rund um Ettling ein abgeschlossenes Becken eines Urzeitmeeres gebildet – mit eigener Pflanzen- und Tierwelt. Links und rechts der unscheinbaren Kreisstraße, im Steinbruch und unterhalb der Straßenböschung finden sich so zwei spektakuläre Wasserwelten, die uns jede auf ihre Weise etwas über unsere Geschichte erzählen.

INFO

Anfahrt: Die A9 bei Ingolstadt Nord verlassen und auf der B16a die Donau abwärts fahren. Unmittelbar vor der Donaubrücke bei Vohburg die Bundesstraße in Richtung Pförring verlassen. In der Pförringer Ortsmitte links auf die Ettlinger Straße abbiegen. Der Steinbruch liegt von hier linkerhand am Ettlinger Ortsausgang. Die Quellen liegen unterhalb der Straßenböschung auf der rechten Straßenseite. Ettling ist nur schwer mit öffentlichen Verkehrsmitteln zu erreichen. Vom Bahnhof Münchsmünster fahren jedoch Busse über Vohburg an der Donau bis nach Ettling.

Sehenswert: Die Jordangruft in Dötting ist die Grablege eines Landadelgeschlechts, das bis in die erste Hälfte des 19. Jahrhunderts in Ettling und Dötting die Gerichtsbarkeit innehatte. Die fünf Särge mit den mumifizierten Leichen wurden erst vor wenigen Jahren in einem heruntergekommenen Gebäude nahe der Döttinger Kirche wiederentdeckt. Die bestens erhaltene Mumie eines kleinen Mädchens ist heute noch durch ein Glasfenster im Sarg zu sehen. Besuch nach Voranmeldung.

Jordangruft Dötting
Am Spitzelberg, 85104 Pförring
Tel.: 0049-8403-286
www.pfoerring.de

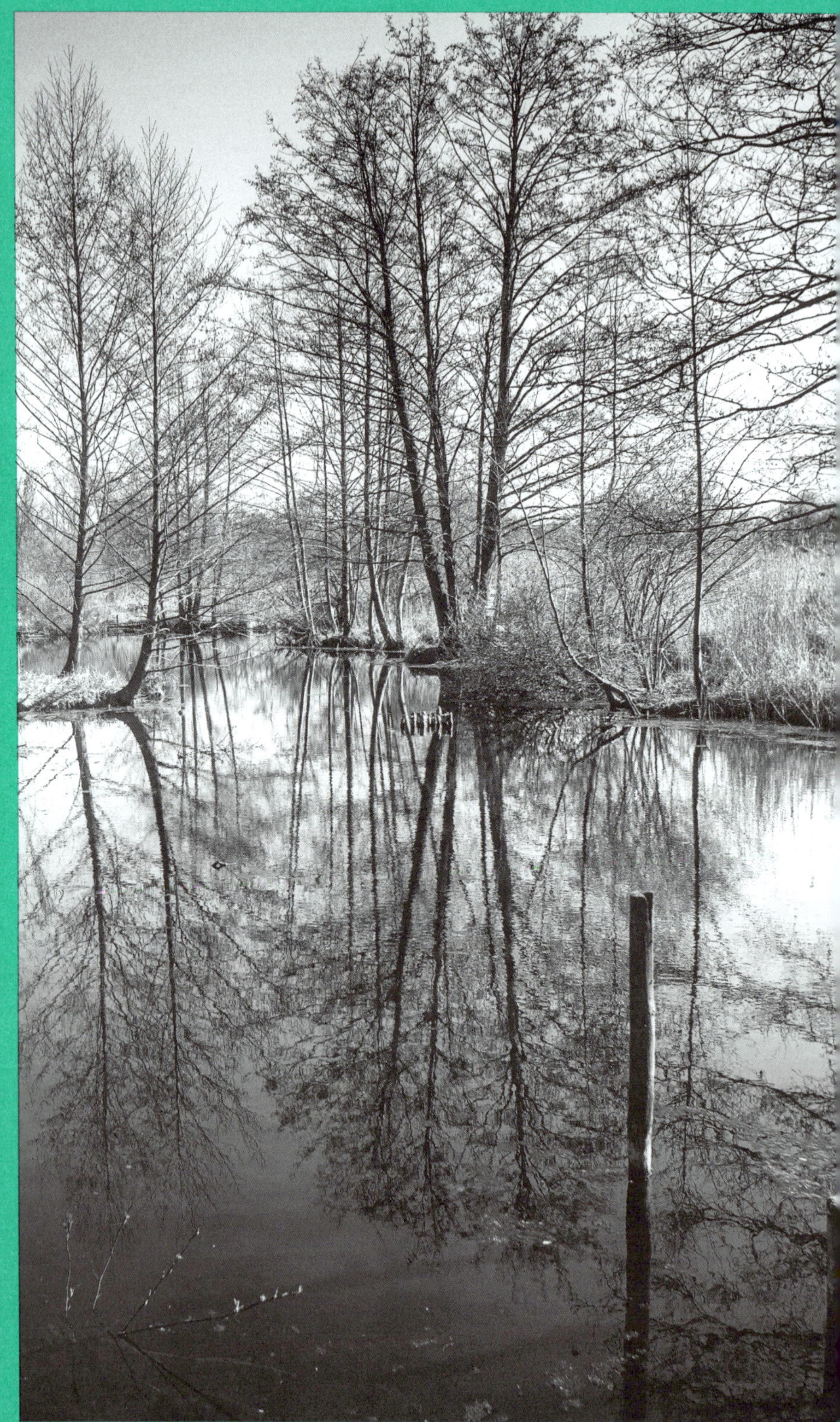

Gleßbrunnen × Wolkertshofen

Sagenhafte Gebete

Ein Bauer, der hier in der Ebene zwischen Donau und südlicher Frankenalb als Säufer verschrien war, kürzte den nächtlichen Heimweg von einer Hochzeit über die unheimlichen, nassen Wiesen des Schuttermooses ab. Er torkelte an Teichen vorbei, die winters nie zufroren und an deren Oberfläche sich geheimnisvoll Sträucher und Bäume spiegelten. Die Teiche, so heißt es in der Sage, hatten keinen Grund, unaufhörlich quoll Wasser aus den Tiefen der Erde hervor und speiste die Bäche der Umgebung. Irrlichter lockten immer wieder Wanderer des nachts in ihr Verderben.

Und so kam es, wie es kommen musste, der betrunkene Bauer fiel in einen der Quelltöpfe und ertrank. Seine Leiche wurde nie gefunden. Bis heute jedoch taucht seine verlorene Seele immer wieder auf: Sobald der Gegend Gefahr oder Unheil droht, steht der Bauer bis zur Brust in einem der Wolkertshofener Gleßbrunnen und ruft aus Leibeskräften: „Leit, bet's!"

Die Sage hat die bayerische Sagenforscherin Emmi Böck festgehalten. Als Sagenforscherin und Politaktivistin war sie eine Institution im nahen Ingolstadt. Die Germanistin hat rund um Eichstätt, wie auch in anderen Regionen Bayerns, zwischen 1960 und dem Jahrtausendwechsel intensive Feldforschung betrieben und dabei zahllose Sagen zusammengetragen, so wie man sie sich in den Dörfern und auf den Höfen Bayerns erzählte.

Der Ort, an dem der besoffene Bauer sein Leben lassen musste, war das kleine Dörfchen Wolkertshofen zwischen Ingolstadt und Eichstätt.

Tatsächlich wurden in Wolkertshofen und im benachbarten Nassenfels noch bis in die 50er-Jahre nachts und bei Nebel die Kirchturmglocken geschlagen, um allen, die im Moos zu dieser Zeit noch unterwegs waren, auf den unsteten Böden in der eher flachen, feuchten Ebene Orientierung zu geben.

Von den Hängen des Fränkischen Jura ist hier rund um die Gleßbrunnen nichts zu sehen. Die Landschaft breitet sich um den Teich flach in Feldern und Brachen aus, dazwischen suchen einzelne Bachläufe und Drainagegräben ihren Weg in Richtung Donau. Selten einmal hält ein Baum oder ein Strauch den schweifenden Blick fest. Die alte Römerstraße verlässt Wolkertshofen in westlicher Richtung, von ihr zweigt bald nach dem Ortsausgang ein kleiner Feldweg nach Süden ab. Am Ende des Weges, keine 500 Schritte entfernt, gruppieren sich Büsche und einige hohe Bäume zu einem in dieser eher reizlosen Umgebung auffälligen Orientierungspunkt. Rechter Hand kann das Auge der alten Römerstraße bis nach Nassenfels folgen. Der eindrucksvolle Burgfried einer mittelalterlichen Befestigungsanlage stellt selbst den Kirchturm dort in seinen Schatten.

Der Name Nassenfels weist auf die Besonderheit dieser Landschaft hin. Der Kalkfels des 160 Millionen Jahre alten Jurameeres kommt hier dicht an die Oberfläche. Nass wird die Gegend durch das Grundwasser, das in fünf Quelltöpfen durch den porösen Kalkstein an die Oberfläche drängt. In guten, wasserreichen Jahren sprudeln aus der ergiebigsten Quelle bis zu 700 Liter in der Sekunde an die Oberfläche. In trockenen Jahren schüttet diese in derselben Zeit immerhin noch 200 Liter aus. Ingolstadt hat sich schon in den 60er-Jahren die Rechte an dem Tiefenwasser für die Trinkwasserversorgung der Stadt sichern lassen. Keine schlechte Entscheidung beim Blick auf das helle, glasklare Nass, das ohne Trübung den Grund der Tümpel mit dem abgestorbenen Blattwerk, den Ästen und Schilfresten mitsamt den dazwischen hell aufblitzenden Kalksteingründen offenlegt.

Das Wasser, das hier an die Oberfläche tritt, ist mehr als tausend Jahre alt. Es sickerte in dieser Zeit durch die Karstböden und fand erst hier in der Ebene zwischen Donau und Altmühl eine Lücke in der sonst undurchdringlich mächtigen Deckauflage aus Flinzton.

Der Name „Gleßbrunnen" kommt von den spiegelglatten Oberflächen, in denen sich Bäume, Büsche und Schilf an ihren Rändern spiegeln, also „gleißen". Noch im 19. Jahrhundert, so heißt es in einigen Texten, war einer der Teiche – von dem die Sagen behaupten, in ihm verschwände selbst ein Kirchturm – bis zu 30 Meter tief. Erst in den letzten Jahren vermaß ein Tauchtrupp die Weiher und stieß fast überall in einer Tiefe von drei Metern bereits auf Grund.

Es versteht sich von selbst, dass die aus den Brunnen ablaufenden Wasser seit jeher auch wirtschaftlich genutzt wurden. Nicht nur für die

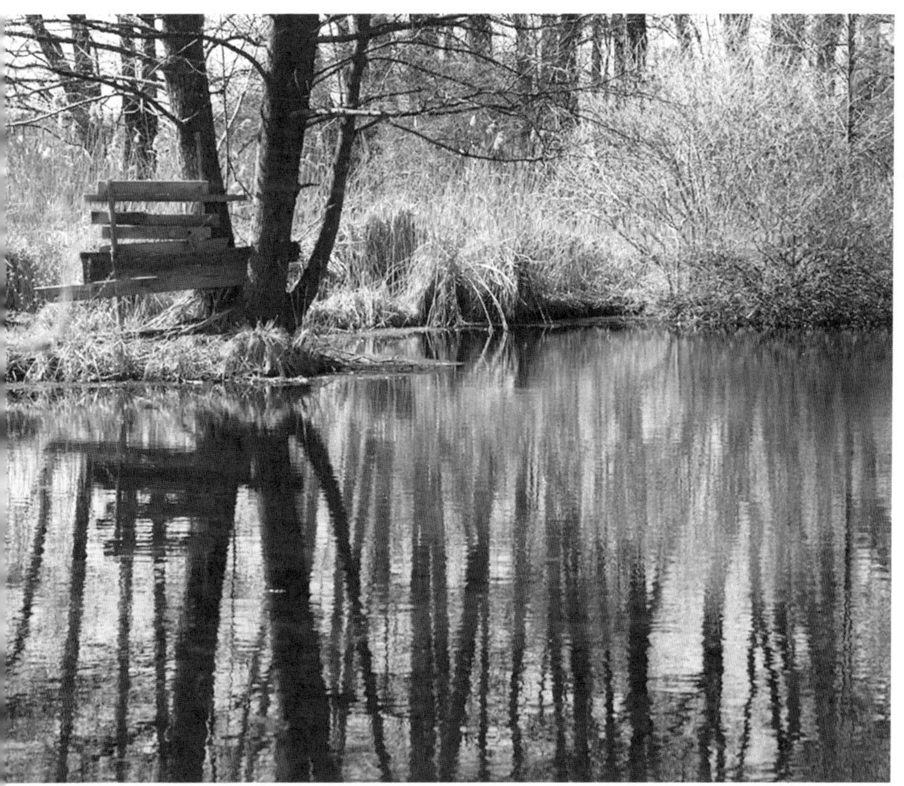

Landwirtschaft. Heute grast auf den morastigen Böden des Schuttermooses eine Heckrinderherde. Diese hält das Gelände offen und erspart bei der Landschaftspflege in dem sensiblen Bereich nahe der Brunnen den Einsatz schwerer Maschinen.

Rund um die Gleßbrunnen hat sich in den vergangenen Jahrzehnten eine einzigartige Fauna angesiedelt. Die Baumgruppe rings um den Teich ist auf alten Bildern noch nicht zu sehen. Die ersten Fotografien des Geländes zeigen die Gewässer noch blank in der Ebene vor den Höfen am Rande der umgebenden Dörfer liegen. Heute brüten in ihrem Umfeld Kiebitze und Braunkehlchen. Bisweilen kreist ein Roter Milan über ihnen. Genauso lebt an den Wolkertshofener Karstquellen derzeit eine stabile Population von Großen Brachvögeln, die andernorts längst als ausgestorben gelten. Über die blanke Oberfläche der Gleßbrunnen huschen Libellen. Es sind seltene Wasserhexen, wie man sie sonst nur noch in den klaren Gebirgsseen der Alpen antreffen kann.

Kleine, hölzerne Stege führen rund um die Weiher und durch das Schilf. Die hohen Bäume rings herum schirmen sie gegen Wind und Wetter ab. Die Unordnung der Äste und des Blattwerks zaubern ein wildes Muster auf den Wasserspiegel. Bisweilen bricht die Sonne hindurch und löst sich auf der klaren, hellgrünlichen Fläche in zahllose Reflexe auf. Die Straßen und Wege der Umgebung, die nahen Dörfer sind dem Blickfeld entrückt und fast scheint es, als wären auch ihre Geräusche verschwunden.

Mit dem Spiel des Lichts, dem zarten Tanz der Schilfrohre, der geheimnisvollen Ruhe der Wasserfläche, deren Bewegung und deren mächtiges Drängen aus dem felsigen Untergrund man bestenfalls ahnt, kaum allerdings mit den eigenen Sinnen fasst, ragt der Raum um die Gleßbrunnen weit aus dem Alltäglichen heraus. Abgeschirmt durch hohe Bäume, ist der klare Glanz des Wassers trügerisch, still und in sich ruhend in seiner mächtigen, steten Bewegung.

Die Erscheinung eines Bauern, der bis zur Brust im Wasser zum Gebet auffordert? Warum nicht? „In Sagen", so behauptete die Sagenforscherin Emmi Böck einmal, „da hast Du keine Möglichkeiten. Du bist ausgeliefert, nicht nur dämonischen Mächten". In erster Linie stellten sich die Leute in den Sagen ihren eigenen Nöten und Ängsten.

Damit wäre die „gleißende", spiegelnde Oberfläche der Gleßbrunnen eine Möglichkeit, in den Spiegel zu schauen. Und tatsächlich taucht beim Blick in den Teich jemand auf: Wenn auch kein Bauer, so ist da doch das Gesicht eines Menschen. Die richtige Perspektive vorausgesetzt, stehen auch ihm die klaren Wasser bis zum Hals.

INFO

Anfahrt: Die B13 von Ingolstadt nach Eichstätt kurz nach der Stadtgrenze von Ingolstadt in Richtung Westen verlassen und den Schildern nach Buxheim folgen. Im Buxheimer Zentrum dann die Straße nach Wolkertshofen nehmen. Wolkertshofen selbst auf der Hauptstraße durchfahren und kurz nach der Ortsgrenze auf der alten Römerstraße ins benachbarte Nassenfels den Wagen parken. Die Gleßbrunnen liegen in den Wiesen südlich der Straße - eine etwas ramponierte Infotafel weist dort bereits auf sie hin.
Vom Busbahnhof Ingolstadt fahren regelmäßig Busse bis nach Wolkertshofen.

Zur Stärkung: Gasthaus Stark
Klassische bayerische Dorfwirtschaft mit durchaus ambitionierter Küche. Die Wirtschaft blickt auf eine Geschichte bis ins 17. Jahrhundert zurück. Im Sommer wird auch im schattigen Innenhof bedient.
Dorfstraße 17, 85128 Wolkertshofen
Tel.: 0049-8424-485
info@gasthaus-stark.de; www.gasthaus-stark.de

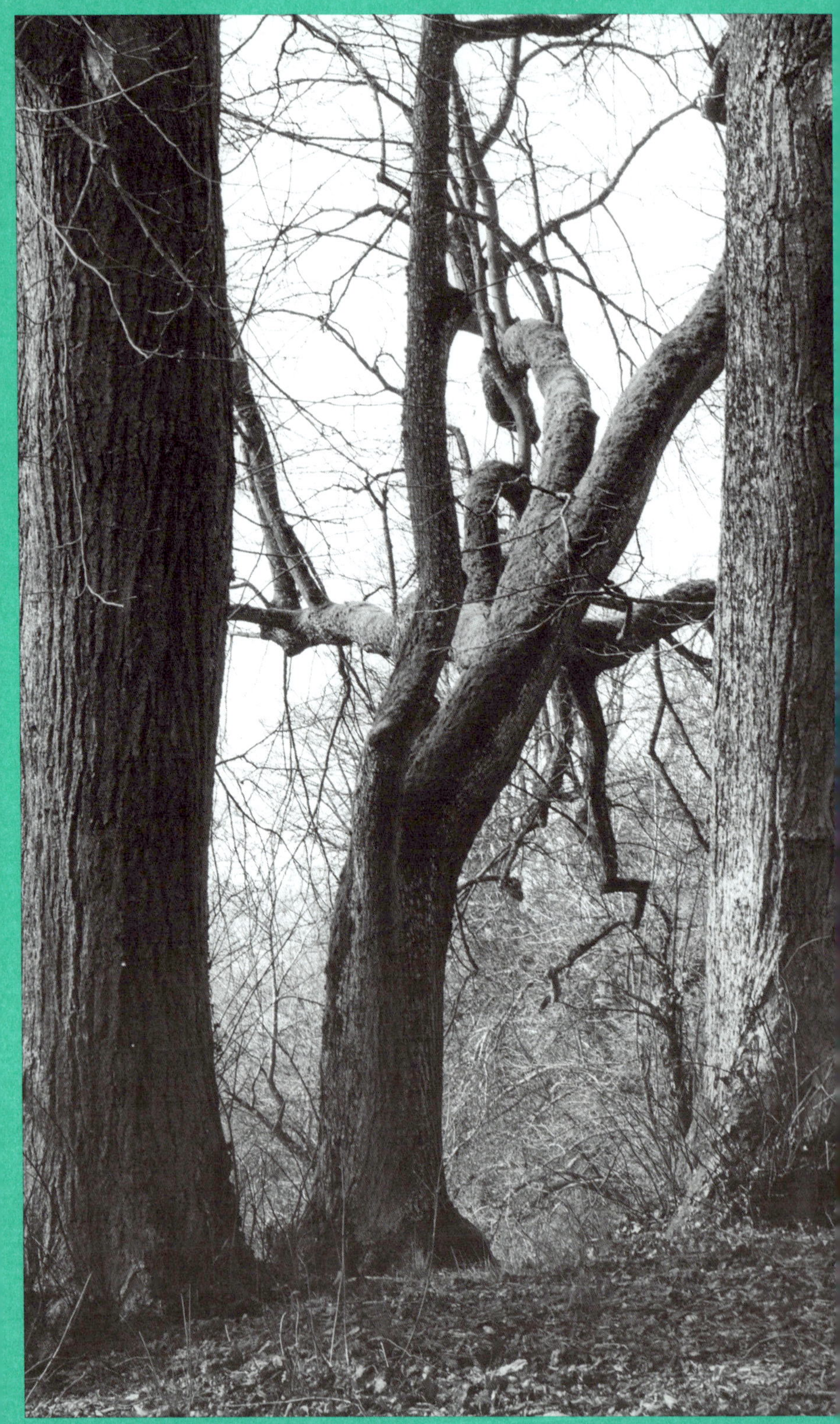

11 Apostel × Thalmässing

Judas steht abseits

Thalmässing ist eine recht kleine Gemeinde südlich von Nürnberg. Von der Autobahn A9 sind es keine zehn Minuten, bis man den Marktflecken am Lauf der Thalach erreicht hat. Dieser befindet sich an der Südflanke des Landecks, einer Hügelkuppe, unter der sich die Reste einer geschleiften mittelalterlichen Burg verstecken. Der Ort schmiegt sich recht idyllisch an den Rand des Juramassivs, das hier in sanften Tälern und weich geschwungenen Hügeln ausläuft.

Der Ortskern mit seinem Marktplatz wurde in den vergangenen Jahren sauber saniert, wenn auch mit demselben Pragmatismus, dem viele ländliche Gemeinden in Deutschland frönen: Kopfsteinpflaster, Bushäuschen aus Glas und Stahlrohr und selten mal ein junges Bäumchen. Vom Marktplatz zweigt eine kleine Gemeindestraße in Richtung Norden ab, die über eine Brücke über die Thalach in ein Wohngebiet unterhalb des Landecks führt.

Ein ausgeschilderter archäologischer Wanderweg namens „Mittelalter" weist von hier weiter durch das bewaldete Gelände auf der Hügelkuppe. Unter Eichen und Buchen führt der Pfad längs des Scheitels bis zu einem kleinen Jagdhaus. Direkt unterhalb des Gebäudes steht eine metallene Stele mit den wenigen nötigen Rahmendaten zu den Resten der Burg Landeck, die heute weitgehend im Boden unter den Füßen der Besucherinnen und Besucher verschwunden ist. Ein erstes Mal wurde sie wohl in den ersten Jahren des 14. Jahrhunderts unter Kaiser Heinrich VII.

geschleift – ein letztes Mal dann gut 150 Jahre später unter Herzog Ludwig von Bayern. Schon seit dem 17. Jahrhundert zeichnen die Kartografen an ihrer Stelle nurmehr das Symbol für eine Ruine in die Karten.
Wer etwas unvorsichtig ist, der lässt sich dazu verleiten, auf einen kleinen Edelstahl-Knopf zu drücken, der auf der Stele zwischen all den Texten und Bildern angebracht ist. Eine blecherne Stimme plappert daraufhin los und gibt etwas unvermittelt zwischen all den Bäumen die Sage der „Weißen Frau von Landeck" zum Besten, während der Gast ratlos den Blick über das Tal und die Dächer von Thalmässing schweifen lässt.
Im Grunde ist es eine Geschichte, die seit Orpheus und Eurydike in tausenderlei Variationen im Umlauf ist. In der Thalmässinger Version geht es dabei weniger um Liebe. In dem leicht verworrenen Plot trifft eine Heumagd bei der Arbeit auf eine Dame in Weiß, die vorgibt, verwunschen zu sein. Es braucht drei Anläufe – zweimal läuft das junge Ding schreiend vor der Erscheinung davon –, bis die Dame der Magd schließlich ihr Anliegen vortragen kann. Die Magd könne sie erlösen, indem sie in ein finsteres Loch hinabsteige, auf dessen Grund eine Truhe voller Gold auf sie warte. Es wäre für die Dame kein Problem und für das Bauerskind sicher kein Schaden, sollte sie sich großzügig an dem Gold dort unten bedienen. Allerdings müsse sie dafür zuerst an dem leicht bissigen Höllenhund vorbei, der für gewöhnlich auf der Truhe ruhe. Die Magd müsse sich nur zu der Erkenntnis durchringen, dass Höllenhund und Finsternis lediglich Blendwerk der dunklen Mächte seien und demnach ohne jede Gefahr.
Das Nervenkostüm der Heumagd war offenbar auf derlei Abenteuer schlecht vorbereitet, denn schon in dem Augenblick, in dem sich das finstere Loch vor ihr öffnete, lief sie schreiend davon, ohne Höllenhund und freilich auch ohne das Gold gesehen zu haben. Von der Weißen Dame will die Magd noch gehört haben, dass diese befürchte, nun weiterhin auf Erlösung warten zu müssen. Es sei denn, jemand pflanze auf dem

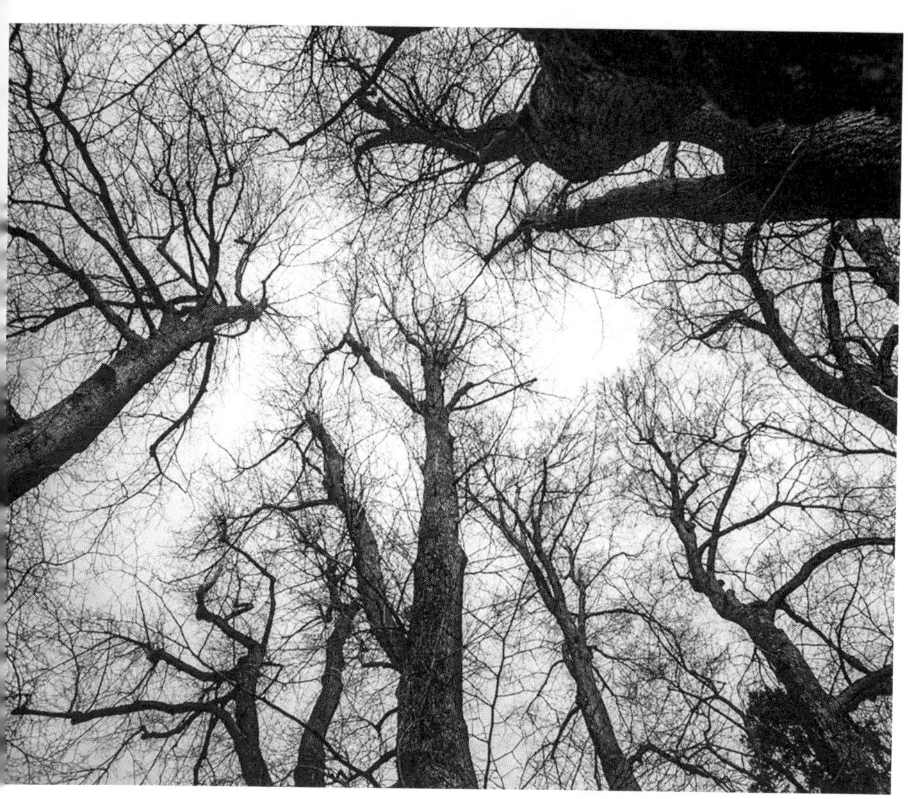

Landeck eine Eichel in den Boden, sodass aus ihr ein Baum erwachse und aus dessen Holz schließlich die Wiege gezimmert werde für einen Knaben, der dann, sobald erwachsen, einen neuen Versuch zu ihrer Befreiung unternehmen könne.
Es gibt tatsächlich ein paar Eichen hier heroben. Allerdings hält die örtliche Faschingsgilde nach wie vor an der Sage fest: Nach Auskunft der Närrinnen und Narren treibe die Weiße Frau rund um Thalmässing immer noch ihr Unwesen. In Begleitung von einigen Wölfen werde sie bisweilen auch noch heutzutage auf dem Landeck gesehen. Offenbar ist die Zeit für den Thalmässinger Helden noch nicht gekommen.
Noch während die blecherne Stimme auf dem Landeck die Sage vorträgt, fällt der Blick auf eine größere Gruppe hochgewachsener alter Linden.

Zehn Bäume scheinen sich um einen elften gruppiert zu haben. Eine Bank mitten im Baumring blickt talabwärts in Richtung Thalmässing. Die Gruppe wird „11 Apostel" genannt und gilt unter Feinfühligen als Kreuzungspunkt eines globalen Gitternetzes feinstofflicher Lebensenergien. Um die mystische Zahl der zwölf Jünger Jesu vollzumachen, wird in der Regel eine weitere alte Linde etwa 100 Meter entfernt zur Gruppe gezählt. Sie wird dann meist als der Verräter Judas Iskariot geführt, der von der Gruppe der aufrechten Anhänger Christi bereits ausgeschlossen wurde.
Eine unheilvolle Geschichte, die seit dem Mittelalter in vielerlei Formen ihre judenfeindliche Wirkung entfaltet hat. Der kleine Ort Thalmässing kann dabei durchaus auf eine reiche jüdische Geschichte zurückblicken. Spätestens seit der Mitte des 15. Jahrhunderts finden sich in den Gerichten der Umgebung immer wieder Hinweise auf verschiedenste Pfandgeschäfte mit der jüdischen Bevölkerung Thalmässings.

Anfang des 18. Jahrhunderts klagt bereits der örtliche Pfaffe der markgräflichen Kirchenbehörde sein Leid: „Die Judenschaft dahier ist in den letzten 70 Jahren von einigen auf über 300 Seelen angewachsen. Haben sie ein Haus ums andere angekauft und sich so sehr vermehrt. So werden dadurch die Pfarren, sonderlich meine Pfarrei, die ohnehin nur aus 22 Haushalten besteht, merklich geschwächt werden und mithin die Kirche, Schule und Almosen, weil die Juden keine jura stolae entrichten, großen Abgang leiden. Daher in Erwägung dessen ergehet mein fußfälliges demütiges Bitten, daß sämtliche Juden ihre jura stolae entrichten müssen."
100 Jahre später stellen die Juden knapp ein Drittel der Thalmässinger Einwohnerschaft. Unter der Herrschaft der Nationalsozialisten fand dann die Gemeinde wie überall in Deutschland ihr Ende. Doch noch heute sind nahe der Grundschule Reste des jüdischen Friedhofs zu sehen. Die

Synagoge wurde erst gegen Anfang der 70er-Jahre des vorigen Jahrhunderts abgerissen, nachdem sie durch die Nazis als Getreidespeicher und danach bis zu ihrem Abriss als örtliche Turnhalle genutzt worden war. Einer der bekanntesten Söhne des Ortes und Mitglied seiner jüdischen Gemeinde ist Joseph Schülein, der Begründer der Münchner Löwenbräu AG.

INFO

Anfahrt: Von München kommend die Autobahn A9 bei Greding verlassen und unmittelbar nach Überquerung der Schwarzach der Beschilderung nach Thalmässing folgen. Im Ort am Marktplatz rechts abbiegen und die Thalach überqueren. Von dort sind es nur wenige Minuten zu Fuß durch ein Wohngebiet bis zur Baumgruppe auf dem Landeck. Vom Bahnhof in Hilpoltstein fahren regelmäßig öffentliche Busse zum Marktplatz Thalmässing.

Museum

Das **Museum Fundreich Thalmässing** liegt direkt im Zentrum. Es zeigt Funde aus mehreren tausend Jahren Siedlungsgeschichte rund um den Ort. Öffnungszeiten: April–September: Di–So und feiertags 10–12 und 13–16 Uhr; Oktober–März: Fr–So und feiertags 10–12 und 13–16 Uhr sowie nach Vereinbarung.
Marktplatz 1, 91177 Thalmässing
Tel.: 0049-9173-9134
tourismus@landratsamt-roth.de
www.landratsamt-roth.de/fundreich-thalmaessing

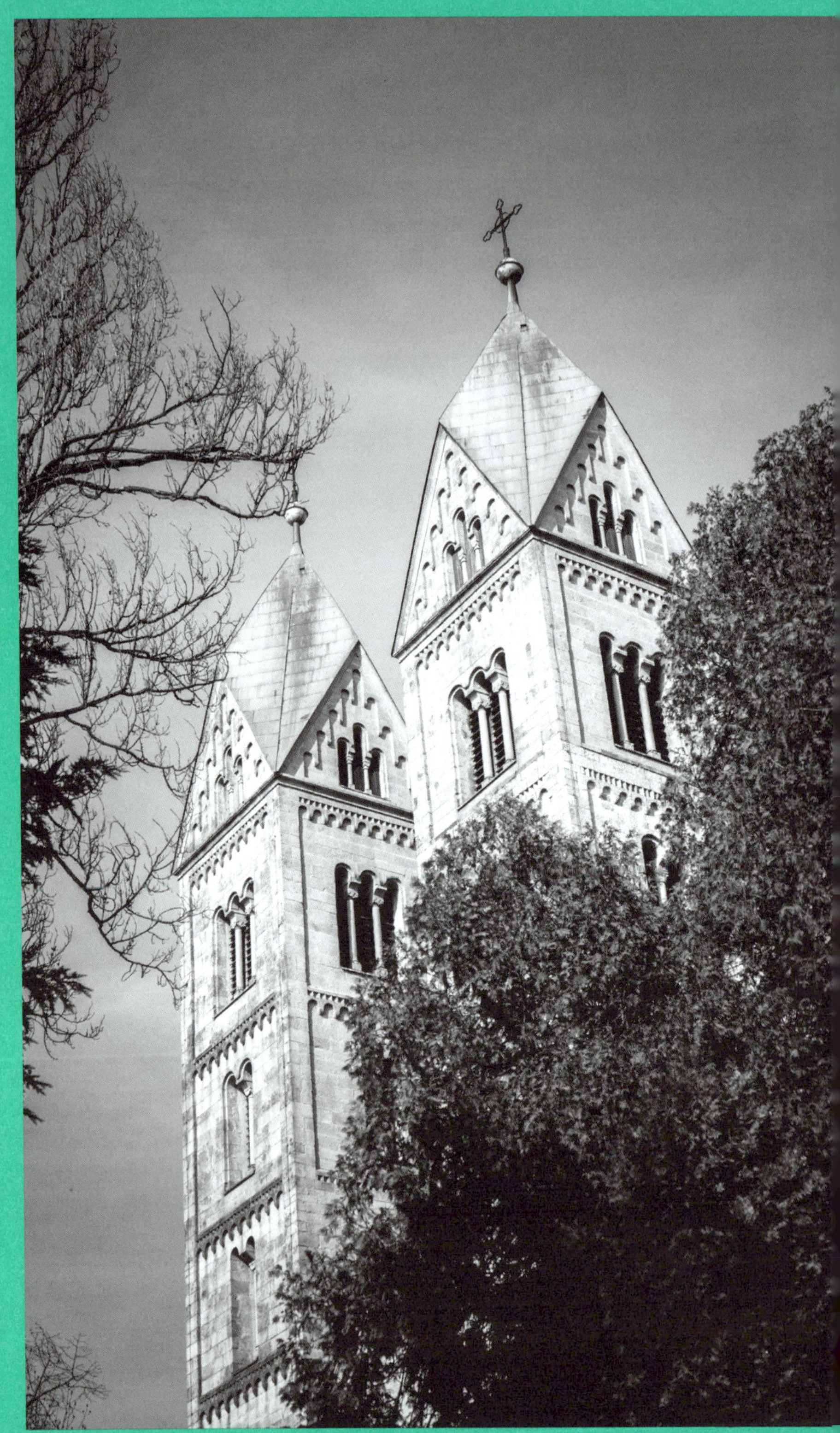

Petersfriedhof × Straubing

Der Tod – ein Tanz des Lebens

Friedhöfe sind immer besondere Orte. Abschied, Erinnerung und auch der Schrecken über das unvermeidlich drohende Ende des eigenen Lebens. Sie bieten Trost, sind ein Ort der Trauer und im besten Fall ein Platz für Frieden und Ruhe. Für uns noch nicht Gestorbene spannen sich die Lebensbögen der Toten in den Grabinschriften, den Namen, Geburts- und Todesdaten, in den Berufsbezeichnungen, Rängen oder Titeln gewissermaßen rückwärts vom Ende her auf.

Es gibt dabei Friedhöfe, die nur unzulänglich verstecken können, dass jeder Friedhof neben allem anderen genauso eine Entsorgungsanlage ist – gesetzlich streng reguliert, mit gemeindlicher Satzung und Gebührenordnung hinterlegt, mit festgesetzten Liegezeiten für das Kompostieren der innerhalb ihrer Mauern abgelegten Körper. Diese Art Friedhof wird von Urnenwänden als preisgünstige Bestattungsform dominiert, von Erika und Thujenhecke. Nachts glimmen auf den Gräbern die batteriebetriebenen Elektrokerzen.

Und es gibt die anderen Gottesäcker. Orte, an denen die schmiedeeisernen Kreuze rosten oder hinter Efeuranken verschwinden dürfen. Die Kronen Hunderte Jahre alter Buchen, manchmal einer Eibe mit meterdickem Stamm, tauchen das Gelände in Halbschatten und lassen es zu einer Zwischenwelt werden, in der die ewige Ruhe bereits Wirklichkeit geworden zu sein scheint. Nicht die Daten auf den Grabsteinen sind in ihnen die maßgebliche Wirklichkeit, sondern das Spiel aus Licht und Dunkel, das wurmsatte Geflöte der Amseln, vor allem aber der kühle Hauch, der irgendwo aus dem Schatten, aus dem Boden, nach den eigenen Fußknöcheln greift.

Der Friedhof rund um die ehemalige Pfarrkirche St. Peter gehört eindeutig zur letzteren Art. Im Mittelpunkt der Anlage liegt die Basilika auf dem geschichtsträchtigen Hügel südlich oberhalb der Straubinger Donauschleife. Es ist ein romanischer Bau aus dem 12. Jahrhundert, den schon von Weitem die beiden wuchtigen Türme dominieren. Der Sockel des südlichen Turms stammt noch aus romanischer Zeit, selbst wenn ihr Bau in der heutigen Form erst gegen Ende des 19. Jahrhunderts abgeschlossen war. Zwischen dem 14. und dem 19. Jahrhundert entstanden auf dem Friedhof

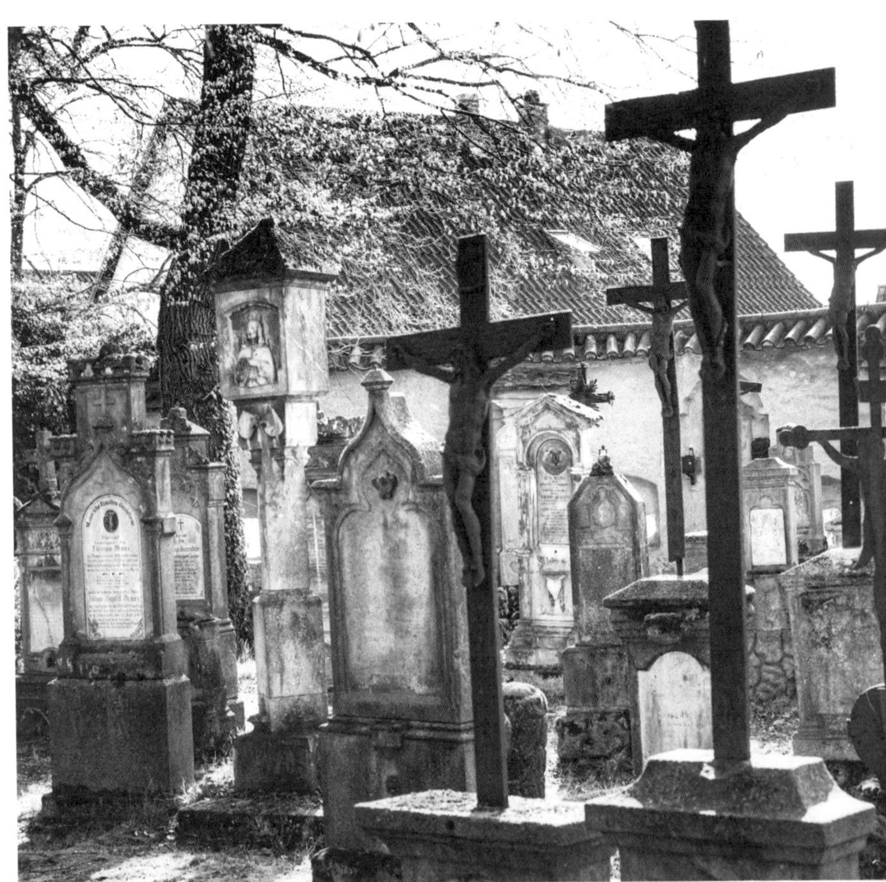

mitten im alten Baumbestand knapp 1 400 Grabmale, daneben drei gotische Kapellen, ein Mesnerhaus, eine Lourdesgrotte und ein Ölbergskirchlein. Vor der ersten Kirche – die wohl schon unter den Agilolfingern hier erbaut worden war, unterhielten bereits die Römer an Ort und Stelle eine Militärstation, die sich bis zum Ende ihrer Herrschaft zu einem ordentlichen Kastell ausgewachsen hatte.

Der Weg auf den Friedhof führt aus der Straubinger Altstadt durch eine wuchtige Toranlage. Auch heute noch ist der Friedhof komplett von einer hohen Mauer umgeben. Im Mittelalter versteckten sich die Bürgerinnen und Bürger dahinter vor den Angriffen feindlicher Heere. Die Altstadt hatte damals noch keine eigene Stadtmauer. Selbst das Vieh konnte während der Belagerung mit auf den Hügel genommen werden. Sogar in friedlichen Zeiten war es üblich, Schafe, Ziegen und Rinder auf den Gräbern weiden zu lassen.

Gegen Ende des 19. Jahrhunderts verbot die Regierung von Niederbayern mit Nachdruck jede weitere Nutzung des Friedhofs. Das gut 4 000 Quadratmeter große Gelände war überfüllt – dazu kam, dass in der schweren Erde rund um St. Peter die Leichen nur äußerst langsam verwesten. Damit endete auch die Bestattungsgeschichte an diesem Ort.

Erhalten sind unzählige schmiedeeiserne Grabkreuze aus mehreren Jahrhunderten und einige eindrucksvolle Grabmale in klassizistischem und neugotischem Stil. Letztere wurden ab der zweiten Hälfte des 19. Jahrhunderts hier üblich.

Gegenüber des Südportals der Petersbasilika liegt die Agnes-Bernauer-Kapelle. Die Baderstochter, mit deren tragischer Geschichte die Stadt Straubing auch heute noch gerne hausieren geht, soll hier ursprünglich einmal begraben gewesen sein. Auch wenn man nichts Genaues mehr über den Verbleib ihrer Gebeine sagen kann, an der Südwand findet sich ihr Grabstein. Beinahe naturalistisch liegt die Bernauerin auf ihrem steinernen Kissen aus Rotmarmor. In der Rechten hält sie einen Rosenkranz, der Kopf ist leicht nach links gebeugt, das Gesicht etwas aufgedunsen, die Augen sind wie bei einer Totenmaske geschlossen.

Etwas heiterer geht es in der Totentanzkapelle zu, die sich ebenfalls in der südlichen Hälfte des Friedhofs befindet. In die Wände des Untergeschosses, in das man über eine Brüstung von oben hinabblicken kann, sind zahlreiche Grabnischen eingelassen. An den Wänden der Kapelle zeigen zahlreiche Fresken und Verse allesamt die Begegnung verschiedenster Menschen aus allen gesellschaftlichen Schichten mit dem Tod. Beinahe tanzen sie dem Knochenmann hinterher, der den Menschen auf den Gemälden immer siegesgewiss als einzig wahrer Herrscher über ihr Leben auftritt. Apotheker und Ärzte, Papst und Kaiser, Lüstling und selbst der Totengräber sind vor ihm gleich.

„Erschröckhet nur, ihr eitlen Docken dieser Weld,
Wenn gehling unversehns der Tod euch yberfällt."

Mitten im Leben scheint der Mensch vom Tod umgeben. Beim Blick auf die bunten Gemälde, auf die tanzenden Gestalten, wird der leicht spöttelnde Ton der manchmal etwas holprigen Alexandrinerverse beinahe hörbar. Und mit diesem Spott gewinnt selbst das Wissen um die eigene Endlichkeit etwas Heiteres. Mit dem Ende, so heißt es, gewinnt erst das, was vor dem Ende kommen darf, sein Gewicht. Nur weil wir sterben, können wir leben. Wo der Tod ist, da ist auch Leben. Ein uraltes Paradoxon, das mit jedem Friedhofsbesuch sichtbar wird.

Der Schritt vor die Tür der Kapelle wird damit auch ein Schritt aus dem Halbschatten, ein Schritt in die Sonne. Die Stadt, das Leben umfängt einen. Zwischen den Gräbern weiden zwar keine Schafe mehr, allerdings dreht eine Gruppe junger Leute zwischen den dunklen Eisenkreuzen einen

Film. Einer hat sich als Clown kostümiert und blickt melancholisch über das Reich der Toten. Und auch wenn der Schauspieler noch sehr jung ist, die Daten auf den Kreuzen um ihn herum verraten ihm eines: Die Stunden des Lebens sind begrenzt und damit so unendlich wertvoll.

INFO

Anfahrt: Vom Straubinger Bahnhof auf der Kolbstraße in Richtung Norden und Donau stadtauswärts fahren. Unmittelbar vor der Donau rechts auf die Uferstraße abbiegen und dort in der Nähe des Klinikums einen Parkplatz suchen.
Vom Bahnhof Straubing ist es zum Friedhof etwa ein halbstündiger Spaziergang durch die Innenstadt. Die Basilika St. Peter ist auf einem Hügel gelegen und mit ihren Doppeltürmen nicht zu übersehen.

Sehenswert: Im Gäubodenmuseum finden sich zwei eindrucksvolle Abteilungen mit Funden aus der Frühgeschichte und der römischen Zeit der Stadt. Die Ausstellungsstücke umfassen die Grabbeigaben aus Bandkeramik, metallenen Gewandschmuck und Funde zurück bis in die frühe Bronzezeit.
Gäubodenmuseum
Fraunhoferstraße 23, 94315 Straubing
Tel.: 0049-9421-94463222
gaeubodenmuseum@straubing.de
www.gaeubodenmuseum.de

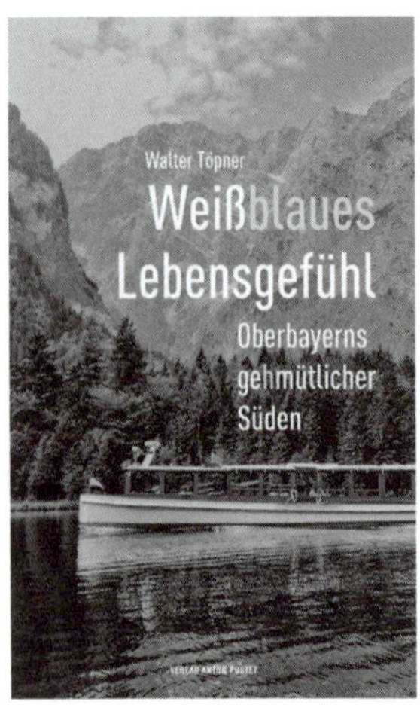

Walter Töpner

Weißblaues Lebensgefühl

Oberbayerns geh*mütlicher Süden

Das nördliche Alpenvorland zwischen München, Bad Tölz und Berchtesgaden besitzt alles, was man an landschaftlicher Schönheit, kulturellen Traditionen, unberührter Natur und herzlicher Gastlichkeit erwarten darf. Zu erkunden gibt es magische Stätten der Urzeit, prunkvolle Klöster sowie herrlich geschmückte Wallfahrtskirchen. Und um so manchen Ort ranken sich Legenden wie die vom König Watzmann, vom Märchenkönig Ludwig II., vom Wildschütz Jennerwein oder von der zauberhaften Kaiserin Elisabeth.

55 ge*h*mütliche Touren zwischen Starnberg und Bad Reichenhall mit Informationen über Geschichte, Kunst & Kultur, Sehenswürdigkeiten und Naturschutzgebiete, Einkehrtipps und Badeplätze!

280 Seiten, durchgehend farbig bebildert
13,5 x 21,5 cm, französische Broschur
ISBN 978-3-7025-1063-3, € 25,–

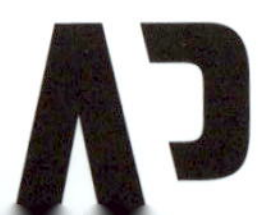

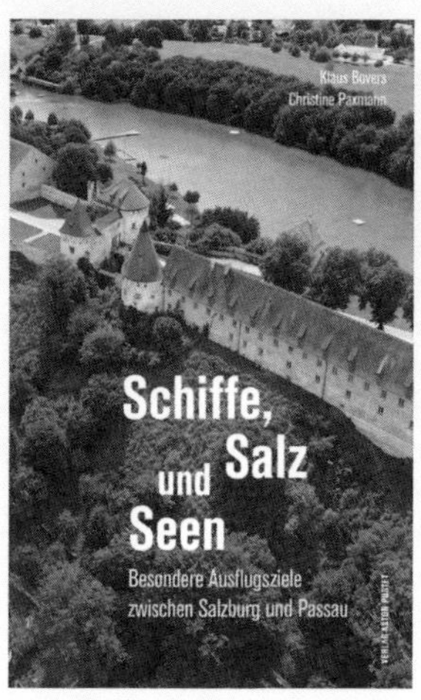

Christine Paxmann, Klaus Bovers

Schiffe, Salz und Seen

Besondere Ausflugsziele zwischen Salzburg und Passau

Schon Kelten und Römer schätzten diese Gegend, und auch heute finden Erholungssuchende hier eine Region, die eine fast meditative Ruhe ausstrahlt. Dazu bestechen die einstigen Salzhandels- und Schifferstädte Laufen, Tittmoning, Burghausen, Braunau, Obernberg und Schärding durch ihre wunderbaren barocken Fassaden und Plätze. Mit den schmucken Dörfern im Rupertiwinkel, den farbenfrohen Häusern im Innviertel, den Wanderwegen, bezaubernden Seen, dem kulturellen Reichtum und den typischen kulinarischen Schmankerln wird diese Gegend zu einem attraktiven und vielseitigen Ausflugsziel.
Ein Wanderführer mit 40 Wanderungen, Fahrrad- und Städtetouren, kulturgeschichtlichen Exkursionen, kulinarischen Empfehlungen und Wissenswertem über eine „unentdeckte" Region!

256 Seiten, durchgehend farbig bebildert
13,5 x 21,5 cm, französische Broschur
ISBN 978-3-7025-0979-8, € 24,–

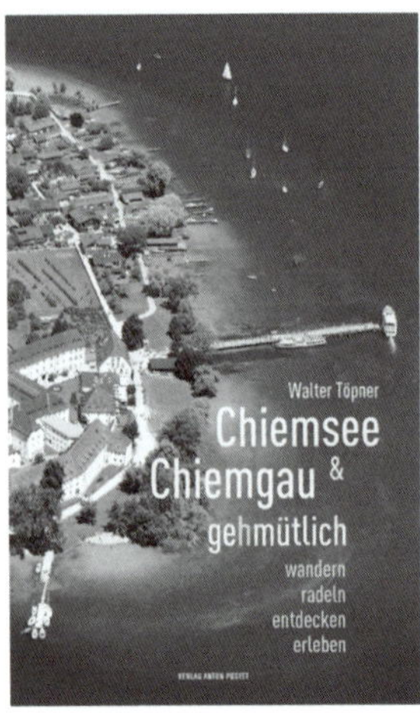

Walter Töpner

Chiemsee und Chiemgau ge*h*mütlich

Wandern, radeln, entdecken, erleben

Chiemsee und Chiemgau sind beliebte Urlaubs- und Freizeitregionen. Die oft noch naturbelassenen Ufer des „Bayerischen Meeres“ mit seinen grünen Inseln und die allgegenwärtigen Berge, aber auch das schöne Hinterland bieten eine Fülle von landschaftlichen und kulturellen Sehenswürdigkeiten.
Auch Fahrradfreunde kommen im Chiemgau voll auf ihre Kosten, denn die Voralpenlandschaft ist verkehrsmäßig gut erschlossen und verfügt über ein dichtes Netz von Radwegen.

Die Touren führen durch Gegenden, wo neben den Sehenswürdigkeiten auch Biergärten und gemütliche Wirts- und Gaststuben zu finden sind. Ein Wanderführer und Lesebuch für interessierte Ausflügler, werden doch auch Geschichten über berühmte Personen und regionale Bräuche erzählt.

304 Seiten, durchgehend farbig bebildert
13,5 x 21,5 cm, französische Broschur
ISBN 978-3-7025-0895-1, € 25,–

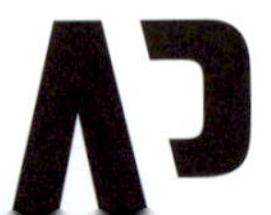

Peter Schlager
Christoph Janacs
OFF SEASON

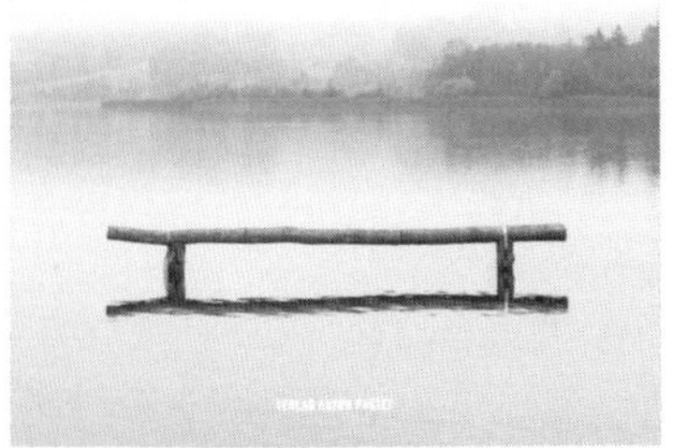

Peter Schlager, Christoph Janacs

Off Season

Was geschieht eigentlich, wenn sich die Tore zu den Strandbädern schließen und die Saison zu Ende ist? Was bleibt übrig vom Sommer? Wer kommt zurück oder nützt das verlassene Gelände, vielleicht sogar, um hier den Winter zu verbringen?
Off Season gibt Einblick in die Zeit, wenn die Nebel über die verlassenen Plätze und kalten Seen streifen oder wenn der Schnee alles unter sich begräbt und die verlassenen Dinge ihrer Formen und Farben beraubt. Geschlossene Badehütten, verlassene Spielplätze und vergessene Dinge – der See liegt still und zeigt seine noble, unendliche Schönheit.

Abtsee, Attersee, Chiemsee, Fuschlsee, Grabensee, Holzöstersee, Ibmer See, Imsee, Irrsee, Mattsee, Mondsee, Obertrumersee, Traunsee, Wallersee, Wolfgangsee

192 Seiten, durchgehend farbig bebildert
17 x 21,3 cm, Schweizer Broschur
ISBN 978-3-7025-0792-3, € 22,–
Englische Ausgabe: „Off Season" ISBN 978-3-7025-0814-2

VERLAG ANTON PUSTET www.pustet.at

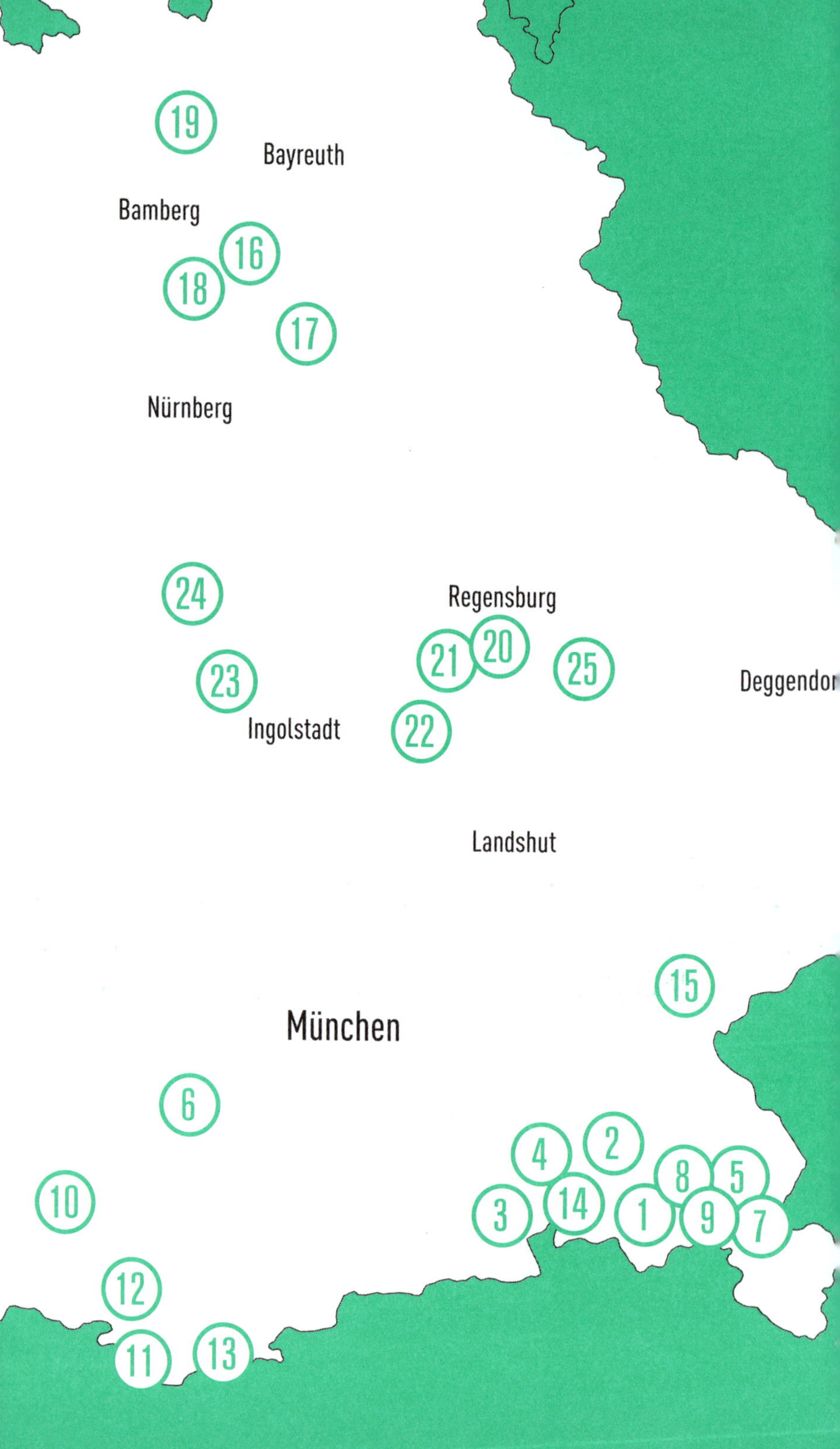
19
Bayreuth
Bamberg
16
18
17
Nürnberg
24
Regensburg
21
20
25
Deggendor
23
Ingolstadt
22
Landshut
15
München
6
4
2
8
5
10
3
14
1
9
7
12
11
13